Elke Beilfuß

OSKAR SCHLEMMER

Meister der tanzenden Form

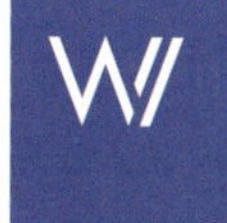

Inhalt

Oskar Schlemmer Texte

Auf den Spuren von Oskar Schlemmer

Anhang

VORWORT

Im Rahmen einer Benefizveranstaltung für das geplante neue Bauhaus-Museum in Weimar erzählte mir die Autorin Elke Beilfuß, dass sie gerade an einem Buch über Oskar Schlemmer und seine Zeit am Bauhaus in Weimar und Dessau arbeite. So entstand die Idee, dass ich, die Enkelin von Oskar Schlemmer, dazu ein paar einleitende Zeilen schreibe.

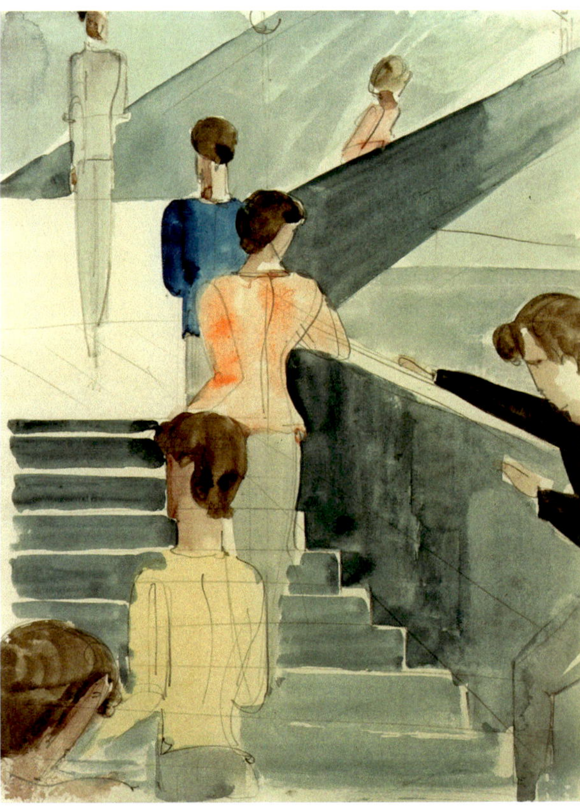

Bauhaustreppe (1931/32), Aquarell und Tinte über Bleistift auf Schreibpapier mit Leinenprägung, 27,7 × 21,9 cm, Privatbesitz

Vorab möchte ich betonen, dass ich einen ganz persönlichen und keinen kunsthistorischen Beitrag leisten möchte. Immer wieder bin ich erstaunt, wenn ich in

Büchern über das Bauhaus und alten Dokumenten neue Facetten meines Großvaters Oskar entdecke. Wie bei einem Puzzle entsteht nach und nach ein Bild von diesem Menschen, dem Künstler und Großvater, den ich leider nie persönlich kennenlernen durfte, da er bereits früh verstarb. Gewissermaßen begebe ich mich mit diesem Vorwort also auch auf eine Spurensuche.

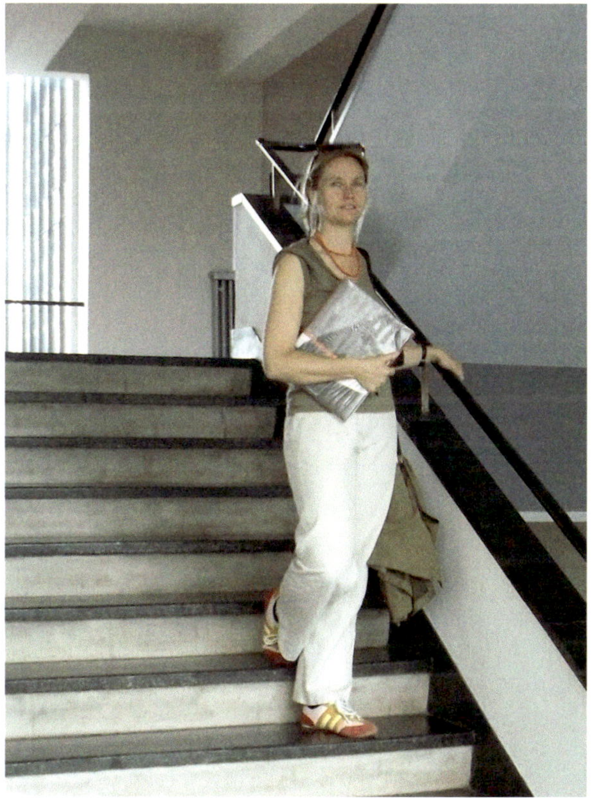

Janine Schlemmer und die Bauhaus-treppe in Dessau

Meine Mutter Karin wurde 1921 in Weimar geboren und verlebte immerhin acht Jahre ihrer Kindheit am Bauhaus. Sicherlich war es sehr spannend für sie in so einer außergewöhnlichen Künstler-Gemeinschaft aufzuwachsen. In der Schlemmer-Familie ging es den

Erzählungen nach auch immer sehr turbulent zu. Ich selbst hatte das große Glück, noch viele Jahre meine wunderbare Großmutter Tut[1], die Ehefrau von Oskar Schlemmer (1888–1943), an meiner Seite gehabt zu haben. Ihrem lebenslangen Engagement – sie wurde 96 Jahre alt und überlebte ihren Mann um mehr als vierzig Jahre – ist es zu verdanken, dass heute in vielen Museen der Welt Werke von Oskar Schlemmer ausgestellt sind. Ihr gebührt das Verdienst, dass das *Triadische Ballett* in den 1970er Jahren erneut aufgeführt, ein umfassendes Werkverzeichnis geschrieben sowie das Oskar Schlemmer Archiv in der Staatsgalerie Stuttgart mit einem Teil des schriftlichen Nachlasses gegründet wurde. Tut Schlemmer war eine wirklich bemerkenswerte Frau, der es auch gelungen war, viele der „Bauhäusler", die es vor, während und nach dem Zweiten Weltkrieg in alle Herren Länder verstreut hatte, wieder in Kontakt zu bringen und mit ihnen langjährige Freundschaften zu pflegen.

> *„Mit dem Bauhaus ist ein Zauber verbunden, der uns alle, die wir dort waren, noch heute zusammenhält."*
> (Tut Schlemmer, 1961 bei einem Vortrag in Zürich)

Leider kam es nach dem Tod von Tut Schlemmer 1987 zu bis heute andauernden Streitigkeiten um den Nachlass von Oskar Schlemmer. Diese Auseinandersetzungen trugen dazu bei, dass seitdem[2] kaum Ausstellungen und Theateraufführungen von Oskar Schlemmers Werken stattfanden.

Das Bauhaus entstand in den sogenannten „Goldenen Zwanzigern", den Jahren des Aufschwungs nach dem verheerenden Ersten Weltkrieg mit über 17 Millionen Toten.

1 Tut Schlemmer, geborene Helene (oder Helena) Tutein, Volkswirtin, Verkaufsleiterin, geb. am 12. November 1890 in Mannheim, gest. am 25. April 1987 in Stuttgart.

2 Die Werke und Schriften von Oskar Schlemmer sind seit 2014 gemeinfrei (gemäß § 64 und § 65 UrhG). Die große Retrospektive *Oskar Schlemmer. Visionen einer neuen Welt* zeigte die Staatsgalerie Stuttgart vom 21. November 2014 bis 19. April 2015.

Der Erste Weltkrieg hatte auch bei Oskar Schlemmer seine Spuren hinterlassen. Meine Großmutter beschrieb mir die Zwanzigerjahre als eine unglaublich aufregende Zeit. Es herrschte eine euphorische Aufbruchsstimmung in Kunst, Literatur, Film, Theater, Tanz und Politik. Alle waren kreativ, experimentierfreudig, voller Enthusiasmus und neuer Ideen. Man fühlte sich lebendig, wild und freiheitssuchend.

> *„Wollen, erdenken, erschaffen wir gemeinsam den neuen Bau der Zukunft, der alles in einer Gestalt sein wird.“*
>
> (Walter Gropius, Bauhaus-Manifest, 1919)

Diese Stimmung prägte auch die ersten Jahre am Bauhaus, und obwohl nie genügend Geld da war, wurde viel experimentiert und wurden rauschende Feste gefeiert, bei denen einer immer dabei war: Oskar Schlemmer als Initiator und Mitwirkender.

Meine Großmutter bezeichnete die Weimarer Jahre als die Kindheit des Bauhauses, sozusagen dessen Sturm-und-Drang-Zeit. In Dessau begann dann der „Ernst des Lebens“ – vorbei die romantisch angehauchte Zeit im Jugendstilgebäude des Künstler-Architekten Henry van de Velde. Dessau war geprägt von Glas und Stahl! Das neue Schulgebäude und die Wohnhäuser für die Meister wurden gebaut.

Familie Schlemmer zog ein, Oskar Schlemmer wurde Professor an der Hochschule für Gestaltung, wie sich das Bauhaus jetzt nannte und bekam endlich seine Bauhaus-Bühne!

Es waren spannungsreiche Jahre in Dessau. Chronische Geldknappheit herrschte, immer stärker aufgeheizte politische Lager bildeten sich. Die Bauhaus-Bühne hatte überhaupt kein Geld. Tut Schlemmer schimpfte: *„ich habe doch einen Maler geheiratet und keinen Bühnenmensch“*, denn ihr Mann Oskar steckte seine ganze Kraft und Zeit trotz und wegen mangelnder Finanzen in die Bühne, die am Bauhaus leider keinen hohen Stellenwert hatte, was ihn sehr schmerzte. In diesen Jahren malte er nicht, sondern lebte nur für die Bühne. Der neue Direktor am Bauhaus Hannes Meyer (1889–1954) und Teile der Studentenschaft verfolgten andere Pläne mit der Bühne am Bauhaus. Oskar Schlemmer verließ – wohl auch deshalb 1929 – mit seiner Familie Dessau und zog nach Breslau. Als er dort 1932 von der Schließung des Bauhauses erfuhr, malte er eines seiner berühmtesten Bilder: Die *Bauhaustreppe,* heute im Besitz des MoMA in New York, eine Hommage an das Bauhaus.

Folgende Textpassage von Oskar Schlemmer gibt wohl am treffendsten wieder, welche Begeisterung den „Meister der tanzenden Form" angetrieben hat:

> *„Bedenkt man die ganze Phalanx menschlicher Figurisation von nackten Menschen zum Kostümierten, zur Kunstfigur und Marionette bis zur überlebensgroßen Phantasiegestalt, bedenkt man das Ganze in seinen Spannungsmöglichkeiten vom Komisch-Grotesken bis zum Heroisch-Pathetischen, bedenkt man dazu das kommende Bühnenhaus, geschaffen unter völlig neuen Voraussetzungen, bedenkt man die sphärische Musik, die organisierten Ätherwellen oder die in unerhörter Klangintensität maschinell dynamisch zu erzeugende Musik, von der Busoni träumte, bedenkt man, dass die Dichter angeregt durch die neuen Möglichkeiten zu ganz neuen Ideen und Stoffen kommen werden, dass sie dann weniger in Bilderbogen denken als in räumlich plastischer Architektur, bedenkt man die Fortschritte auf dem Gebiet der Optik, Mechanik und bedenkt man vor allem, dass diese Mittel Selbstzweck zu sein vermögen der Art, dass sie nicht dazu dienen die Illusion einer zweiten Natur auf der Bühne vorzutäuschen, sondern direkt und unmittelbar mit der elementaren Kraft ihrer Wesenheit wirken können, so kann man wohl sagen,*

dass sich der schaffenden Phantasie Spielräume eröffnen, die fast unbegrenzt sind.“[3]

Ich wünsche Ihnen viel Freude beim Lesen und Entdecken eines spannenden Künstlerlebens in einer besonderen Zeit und Epoche an der sicher aufregendsten und bemerkenswertesten Schule für Kunst und Gestaltung im 20. Jahrhundert.

Janine Schlemmer, München im Dezember 2015

3 Oskar Schlemmer und die Bauhausbühne, Vortrag von Tut Schlemmer 1961, Kunstgewerbeschule Zürich, unveröffentlichtes Typoskript im Besitz der Enkelin Janine Schlemmer.

Gruppenfoto der Bauhausmeister auf dem Dach des Bauhausgebäudes in Dessau

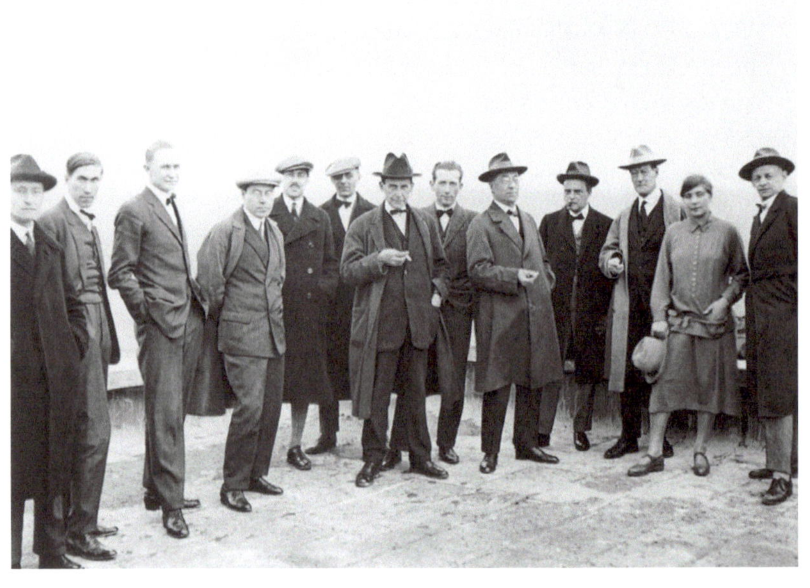

v. l. n. r.: Josef Albers, Hinnerk Scheper, Georg Muche, László Moholy-Nagy, Herbert Bayer, Joost Schmidt, Walter Gropius, Marcel Breuer, Wassily Kandinsky, Paul Klee, Lyonel Feininger, Gunta Stölzl und Oskar Schlemmer

„JE NE CONNAIS PAS BAUHAUS!“ EINE EINFÜHRUNG

Was war das Bauhaus? Wussten dies die Bauhäusler zu ihrer Zeit?

Wohl kaum. Schlemmer sagt im März 1923 als Bauhausmeister: *„je ne connais pas Bauhaus!“*[4] *(„Ich kenne kein Bauhaus“)* in Anlehnung an eine Aussage von Picasso. Im Rückblick auf seine „primitive Phase“ äußerte Picasso den viel zitierten Satz: *„l'art nègre? Connais pas“ („Negerkunst? Kenne ich nicht“).* Picasso setzte sich damit gegen eine Klassifizierung seiner früheren Werke zur Wehr. Vielmehr wollte Picasso mit seiner Kunst so verstanden werden, dass ihn eine Art Blutsverwandtschaft mit der afrikanischen Kunst verband. Insofern meint Schlemmer mit *„je ne connais pas Bauhaus!“*, dass es zu seiner Zeit am frühen Bauhaus kein einheitliches Bauhaus gab. Oftmals ist von einem „Bauhaus-Stil“ die Rede. Aber ein einheitliches Bauhaus, oder einen Bauhaus-Stil hat es nie gegeben! Oskar Schlemmer verband jedoch etwas mit diesem Kreis von Künstlern, die eines gemeinsam hatten, und zwar sich mit den Fragen der Moderne, mit Abstraktion und Figürlichkeit, mit der Suche nach Neuem und der Rückbesinnung auf Traditionen zu beschäftigen. Sowohl die Moderne als auch auch die Kunst und Gestaltung am Bauhaus setzen sich aus vielen Facetten zusammen. Für das Bauhaus kommt noch hinzu, dass es sich mit seinen drei Direktoren, zuerst Walter Gropius in Weimar und in Dessau, gefolgt von Hannes Meyer in Dessau und zuletzt Ludwig Mies van der Rohe in Dessau und Berlin, jeweils mit durchaus unterschiedlichen Zielrichtungen entwickelte.

4 Zit. n. Schlemmer 1958, S. 144.

Schlemmer notiert in seinem Tagebuch im Juni 1923 zum Weimarer Bauhaus und dessen Direktor Walter Gropius:

> *„Die eigentümliche Struktur des Bauhauses kommt in der Person seines Leiters zum Ausdruck: Beweglich, auf kein Dogma eingeschworen, mit dem Spürsinn nach allem Neuen, Aktuellen, das sich in der Welt regt, und mit dem guten Willen, es zu assimilieren. Auch mit dem guten Willen, dieses große Ganze zu stabilisieren, es auf den Generalnenner zu bringen, einen Kodex zu schaffen. Daher ein Kampf der Geister, offenkundig oder geheim, wie vielleicht nirgends sonst, eine dauernde Unruhe, die den Einzelnen fast täglich zwingt, zu tiefgehenden Problemen grundsätzlich Stellung zu nehmen.“*[5]

Schlemmer selbst arbeitet am Weimarer Bauhaus vielgestaltig. Er lithografiert, er modelliert, er malt. Wie er dabei dem Bauhaus dienen soll, fragt er sich. Die Folge ist, er kommt überhaupt zu nichts. So beschließt er, dass er dem Bauhaus wohl dann am besten dient, wenn er sich auf sich und seine künstlerische Arbeit besinnt.

Es sind vielfältige Gedanken, die sich Schlemmer 1923 am Bauhaus macht. Seiner Ansicht nach ist am Bauhaus alles möglich. Eine Einheitlichkeit oder Einheit gibt es aber nicht, was auch daran deutlich wird, dass Schlemmer in seinem Tagebuch fantasiert: *„Ein diktatorischer Leiter hätte auf Kosten des Einzelwillens vielleicht den Schein einer Einheit erzeugt, die Persönlichkeiten uniformiert und zum Parademarsch geordnet.“* Um das Bauhaus zu charakterisieren, verwendet Schlemmer zudem das Diktum des französischen Malers Nicolas Poussin (1594–1665), *„Je n'ai rien négligé“ („Ich habe nichts außer Acht gelassen“).* Das Bauhaus experimentiert mit allem: *„Hilfskonstruktionen, falsche Töne, die erst durch die Übermalung richtig werden, geben für Außenstehende nicht das einheitliche Bild wieder.“*[6] Eine eigene Form könnte das Bauhaus

5 Ebd., S. 147.
6 Ebd., S. 146.

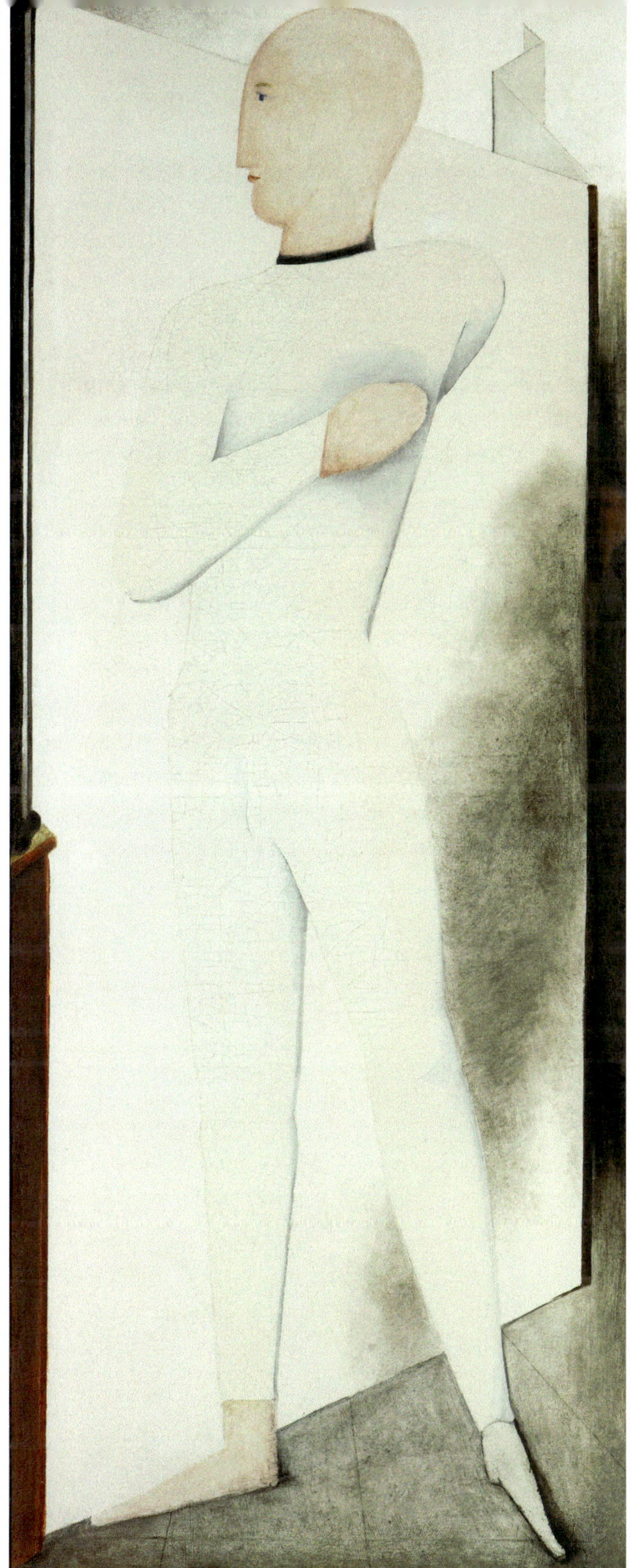

Der Tänzer (1923), Öl und Lackfarbe auf Leinwand, Staatsgalerie Stuttgart

wohl finden, meint Schlemmer: „*Diese wird notgedrungen, trotz Internationalismus, national und verschieden sein, gewachsen aus den ureigentümlichen Gesetzen von Natur, Volk, Idee.*“[7]

Das Bauhaus bekommt sein Gesicht gerade erst mit und durch die künstlerische Arbeit seiner Meister und Schüler, das hat auch Schlemmer früh erkannt.
Das vorliegende Buch über das Leben und Werk des Künstlers Oskar Schlemmer will ein Mosaiksteinchen zur Geschichte des facettenreichen Bauhauses beisteuern. Es richtet sich an interessierte Besucher der Stadt Weimar, aus der nicht nur die Klassik, sondern auch das Bauhaus kommt. Das Augenmerk liegt daher hauptsächlich auf Oskar Schlemmers Zeit am Bauhaus in Weimar und Dessau. Letztlich ergibt sich ein fragmentarisches Bild vom Leben Oskar Schlemmers, da einzelne Aspekte stärker beachtet werden als andere. Der gewählte Zeitrahmen umspannt Schlemmers Studienzeit in Stuttgart und die Etappe Staatliches Bauhaus in Weimar und endet mit seinem Abschied vom Bauhaus in Dessau.

Oskar Schlemmer hat sich klug, scharfzüngig und mit Wortwitz zum Bauhaus, zur Kunst seiner Zeit und seinen Zeitgenossen in Texten, Tagebuchnotizen und Briefen geäußert. Seine Ideen und Visionen haben das Bauhaus mitgeprägt und seine Zitate sind ein reichhaltiger Schatz. Oskar Schlemmer wird daher im Verlauf des Buches immer wieder auch selbst zu Wort kommen.

7 Ebd.

VOM BILD ZUR SKULPTUR AUF DER SUCHE NACH DEM EIGENEN WEG

STUTTGARTER STUDIENJAHRE

Derart intensiv wie Oskar Schlemmer hat sich in Deutschland zu Beginn des 20. Jahrhunderts wohl kaum ein anderer junger Künstler mit dem Kubismus auseinandergesetzt.

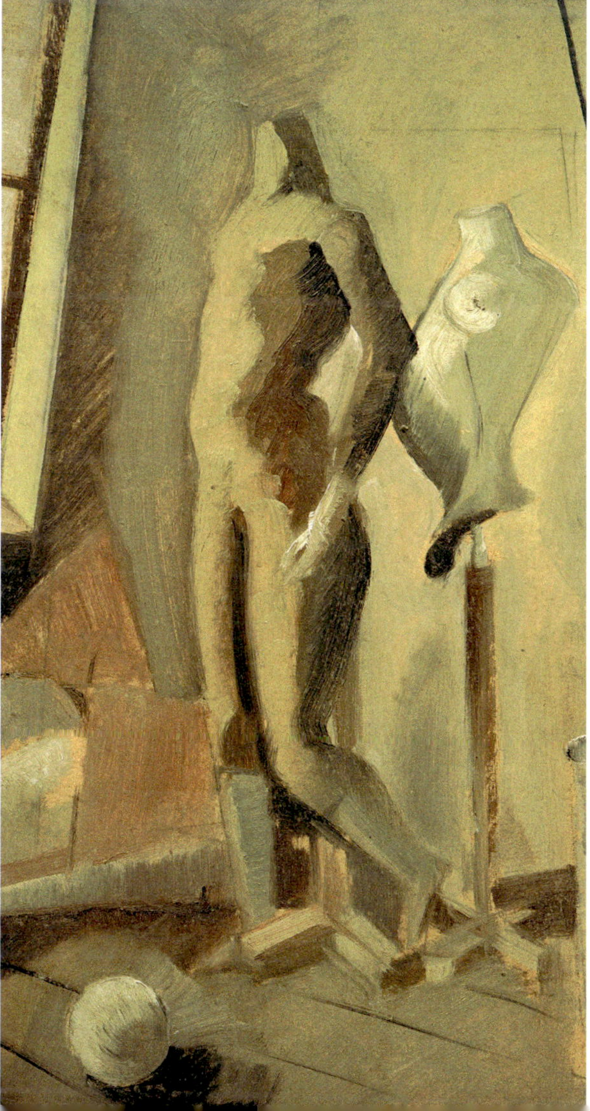

Atelierszene (um 1909), Öl auf Pappe, Privatsammlung

Schlemmers frühe Selbstporträts von 1912 und 1913 ebenso wie seine *Landschaft Stuttgart I* zeugen von dieser Phase, in der er inspiriert von den Gemälden von Paul Cézanne, Pablo Picasso und Georges Braque die unterschiedlichen Spielarten des Kubismus erprobt.[8] Eine 1910 in Deutschland erschienene Monografie des Kunsthistorikers Julius Meier-Graefe regte in Künstlerkreisen die Auseinandersetzung mit dem kurz zuvor verstorbenen französischen Impressionisten Paul Cézanne (1839–1906) an. Das knapp 90-seitige Buch zeigte vierzig Studien und Gemälde in Schwarz-Weiß-Abbildungen, darunter einige Figurenszenen mit Aktdarstellungen, zahlreiche Porträts und Selbstbildnisse sowie Landschaften und einige Stillleben. Oskar Schlemmer besaß nachweislich ein Exemplar des Buches.

STUDIENFREUND OTTO MEYER-AMDEN

Bereits als Student der Stuttgarter Kunstakademie suchte er in Naturstudien zu einer tieferen Mystik seiner Gemälde zu gelangen. Die Werke entstanden draußen unter freiem Himmel. Diese Pleinairmalerei vertraten an der Stuttgarter Akademie die Professoren Friedrich von Keller (1840–1914) und Christian Landenberger (1862–1927). Sie zogen mit den Studierenden samt Leinwand, Farbe, Pinsel und Staffelei in die Natur. In der Malklasse von Christian Landenberger lernte Schlemmer 1907 seinen Studienkollegen Otto Meyer (1885–1933) kennen, der sich später den Künstlernamen Otto Meyer-Amden geben wird. 1911 vertiefte sich die Freundschaft der beiden Künstler bei der gemeinsamen Arbeit an dem heute verschollenen Wandbild *Verkündigung* für die Ausstellung „*Kirchliche Kunst Schwabens*“ in Stuttgart. Bereits 1912 zog Otto Meyer zurück in die Schweiz, um im kleinen Ort Amden am Walensee unweit von Zürich mit seinen

8 Vgl. Conzen 2014, S. 15–37, hier S. 17.

Künstlerfreunden Hermann Huber (1888–1967), Willi Baumeister (1889–1955) und Albert Pfister (1884–1978) eine kleine Künstlergemeinschaft zu bilden, die sich jedoch schon bald auflöste. Den Ortsnamen „*Amden*“ nahm er als Zusatz zu seinem Nachnamen auf. Während der gut zwanzig Lebensjahre, die Meyer-Amden bis zu seinem frühen Tod in der Schweiz verbrachte, trafen sich die beiden Künstlerfreunde nur insgesamt viermal, tauschten sich aber über Persönliches, ihre Gedanken und ihre Werke, von denen sie ihren Briefen teils Fotos beilegten, intensiv und regelmäßig aus. Sie schrieben sich zumeist monatlich oder teils sogar öfter seitenlange Briefe. Die Korrespondenz, die sie selbst als geheim betrachteten, stellt einen reichhaltigen archivalischen Schatz dar. Unter anderem lagern im Bestand des *Oskar Schlemmer-Archivs* in der Staatsgalerie Stuttgart: Briefe von Oskar Schlemmer an diverse Adressaten (1912 bis 1943); Aufzeichnungen, Artikel und sonstige Texte von Oskar Schlemmer (1912 bis 1943); Tagebücher von Oskar Schlemmer (1928 bis 1943); Kalender und Notizbücher von Oskar Schlemmer (1933 bis 1943); Briefe von Oskar Schlemmer an Otto Meyer-Amden (1912 bis 1932); Briefe von Otto Meyer-Amden an Oskar Schlemmer (1912 bis 1932). Letzterer legte in seinen Briefen und Tagebuchnotizen nicht nur von seinen persönlichen Gedanken und Lebensentschlüssen Zeugnis ab, sondern war zudem ein spitzzüngiger Beobachter der Beziehungen seiner Künstlerkollegen untereinander, insbesondere später am Bauhaus. Der Briefwechsel von Oskar Schlemmer und Otto Meyer-Amden ist bisher nur in Teilen veröffentlicht. Eine umfassende Publikation des Briefwechsels, die Elisa Tamaschke unter Federführung von Professorin Magdalena Droste vorbereitet, wird erwartet. Otto Meyer-Amden starb, kurz vor seinem 48. Geburtstag, am 15. Januar 1933 in Zürich. Oskar Schlemmer half dem Bruder Paul Meyer im November 1933 beim Ordnen des Nachlasses und verfasste eine Monografie, die im darauffolgenden Jahr erschien.

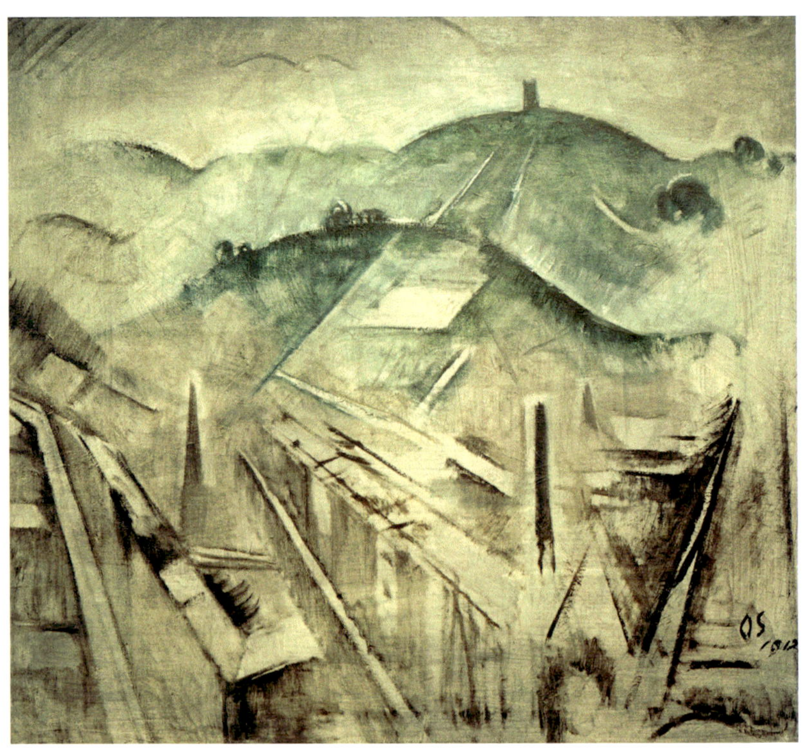

PLASTISCHE ABSTRAKTION

Landschaft Stuttgart I (1912), Öl auf Leinwand, Privatsammlung

An Schlemmers Landschaften, die während seiner Studienzeit der Freilichtmalerei entstehen, lässt sich bereits eine starke tektonische Tendenz erkennen. Nach Gottfried Semper (1803–1879) ist unter Tektonik die Kunst des Zusammenfügens starrer, stabförmig gestalteter Teile zu einem in sich unverrückbaren System[9] zu verstehen. Schlemmers frühe Arbeiten besitzen bereits etwas sehr eigenständiges, sprich die Konstruktion von Bildelementen auf der Leinwand, die dem Motiv optische Tiefe und plastische Abstraktion verleihen. Die *Figur von vorn* (Abb. S. 25) vor getupftem Hintergrund tritt mit ihren schematischen Rundungen

9 Semper 1879, S. 199.

plastisch aus dem flächigen Hintergrund hervor. Schlemmer experimentiert mit der Figur auf dem Grund, mit der Fläche und der räumlichen Dimension des Bildes.

STUDIENURLAUB IN BERLIN

Schlemmer lässt sich 1910 vom Studium beurlauben und geht zu seinem in Berlin wohnenden Bruder Carl, genannt „Casca", Schlemmer (1883–1966). In Berlin lebt und arbeitet Oskar Schlemmer als freischaffender Künstler, setzt sich intensiv mit der zeitgenössischen europäischen Malerei und insbesondere mit dem Kubismus auseinander. Hier kommt Schlemmer erstmals in Kontakt mit dem Kreis um Herwarth Walden (1878–1941). Der neun Jahre ältere Walden hatte die Galerie „Der Sturm" neu gegründet und gab seit 1910 die gleichnamige Zeitschrift heraus. In Berlin lernt Oskar Schlemmer auch die russische Exilkommunistin Dora Yekimovsky, genannt „Daria", kennen. Ein intensiver Briefwechsel[10] beginnt und ein langjähriges Liebesverhältnis entflammt zwischen beiden. Sie hatte bereits eine kleine Tochter namens Dolores, genannt „Lola", aus einer früheren Beziehung. Das zweite Kind von Daria Yekimovsky, ein Junge namens Leonid, ist ihr gemeinsames Kind mit Oskar Schlemmer und wird 1916[11] zur Welt kommen.

MEISTERSCHÜLER

Im Sommer 1912 geht Schlemmer wieder nach Stuttgart. Mit der Rückkehr an die Akademie wird er ab Herbst 1912 Meisterschüler bei Adolf Hölzel (1853–1934).

10 Verwahrt im Archiv Oskar Schlemmer, Staatsgalerie Stuttgart.

11 Die Lebensdaten von Daria Yekimovsky, ihrer Tochter und ihrem Sohn lagen der Autorin nicht vor. Laut Auskunft von Janine Schlemmer lebt ein Nachfahre von Leonid, mit dem sie in Kontakt steht, in Russland.

Schlemmer hat wohl bereits seinen eigenen künstlerischen Weg vielleicht noch nicht bewusst gefunden, aber dennoch eingeschlagen. Adolf Hölzel, einer der Wegbereiter der abstrakten Malerei, hinterlässt jedoch keinen nachhaltigen, gestalterischen Einfluss auf das Werk Schlemmers.[12] Allerdings prägte Hölzels Lehre vom Primat der künstlerischen Mittel die Unterrichtstätigkeit seiner beiden Schüler, Johannes Itten und Oskar Schlemmer, später am Bauhaus. Schlemmers Kommilitone Johannes Itten (1888–1967), der ab 1919 Meister am neugegründeten Staatlichen Bauhaus in Weimar wurde, kam im Herbst 1913 von Basel nach Stuttgart, um bei Hölzel zu studieren. Was aber war Hölzels Beitrag zur Moderne? Gemäß Hölzels Theorie der künstlerischen Mittel haben die der bildenden Kunst eigenen Mittel nicht länger den Zweck, die äußere Realität abzubilden. Die „absolute Malerei", deren Vertreter Hölzel ist, zielt darauf ab, die bildnerischen Mittel, wie Form und Farbe, selbst zum eigentlichen Gegenstand und zum Inhalt der Kunst zu erheben.[13] In einem einführenden Grundkurs brachte Hölzel seinen Schülern die von ihm erfassten Gesetzmäßigkeiten und Wirkmechanismen der künstlerischen Mittel näher. Er begann mit einer Vorlesung über Linie, Form und Helldunkel-Kontraste und endete mit dem seiner Ansicht nach schwierigsten Teil, mit der Farbenlehre. Ausgehend unter anderem von den Farblehren Goethes (1810) und Schopenhauers (1816) entwickelte Hölzel seine eigene Farbtheorie hinsichtlich der Malerei: „Einiges über Farbe in ihrer bildharmonischen Bedeutung und Ausnützung", so der Titel eines Vortrages von 1919. Die Beschäftigung mit den künstlerischen Mitteln, besonders der Farbe, führte Hölzel selbst zu einer Malerei der abstrakten Farbkompositionen. Wenn am Bauhaus später von den „bildnerischen Mitteln", die das Bauhaus als Grundlage der handwerklich-industriellen Gestaltung sieht, die Rede ist, so steht dies nicht im Widerspruch zu

12 Vgl. Conzen 2014, S. 38ff.
13 Vgl. Mück 2009.

Hölzels Begriff der *„künstlerischen Mittel"*. Der profunde Hölzel-Kenner Michael Lingner sieht hierin lediglich eine sprachliche, jedoch keine sachliche Differenz.[14]

ERSTE AUSSTELLUNGEN IN STUTTGART UND KÖLN

Ebenfalls Hölzel-Schüler waren die spätere Bauhausschülerin Ida Kerkovius (1879–1970) und die für Schlemmer forthin wichtigsten Künstlerfreunde, der Stuttgarter Maler Willi Baumeister und der bereits zuvor erwähnte Schweizer Otto Meyer-Amden. 1913 eröffnet Oskar Schlemmer gemeinsam mit seinem Bruder Wilhelm, dem späteren Lehrer und Leiter der Klasse für Buchbinderei an der Württembergischen Staatlichen Kunstgewerbeschule in Stuttgart, den „Neuen Kunstsalon am Neckartor" in Stuttgart (Abb. S. 87) nach dem Vorbild der Berliner Galerie „Der Sturm". Wechselnde Ausstellungen zeigten die Kunst von Oskar Schlemmer und seinen Stuttgarter Studienkollegen, unter anderem: Eine Einzelausstellung von Willi Baumeister im Februar 1913; Arbeiten der drei Meisterschüler Oskar Schlemmer, Hermann Stenner (1891–1914) und Willi Baumeister im Mai 1913; Bilder der expressionistischen Malerin Gabriele Münter (1877–1962) und damaligen Lebensgefährtin von Wassily Kandinsky im September 1913. Aber bereits im April 1914 musste die Galerie schließen, da die avantgardistischen Kunstausstellungen kein positives Echo in der Presse fanden und der ersehnte Erfolg ausblieb. Schlemmer selbst erfuhr hingegen eine erste Anerkennung seiner Werke. Für die Haupthalle der Kölner Werkbundausstellung 1914 gestalten die Hölzel-Schüler Hermann Stenner, Willi Baumeister und Oskar Schlemmer unter Leitung ihres Lehrers einzelne Wandbilder. Die Kölner Werkbundausstellung war die erste

14 Vgl. Lingner 1998.

Schau des 1907 gegründeten Deutschen Werkbundes. Henry van de Velde (1863–1957), der Gründer und damalige Leiter der Kunstgewerbeschule in Weimar, eröffnete die Ausstellung am 15. Mai 1914. Schlemmers Wandbild *Wunder der weißen Nonnen*, die Darstellung einer Kölner Legende, wird sehr positiv wahrgenommen. In Köln werden der Maler Ernst Ludwig Kirchner (1880–1938), der Schlemmer sogleich porträtiert, sowie der spätere Nach-

Ernst Ludwig Kirchner: *Bildnis Oskar Schlemmer* (1914), Öl auf Leinwand, Hessisches Landesmuseum, Darmstadt

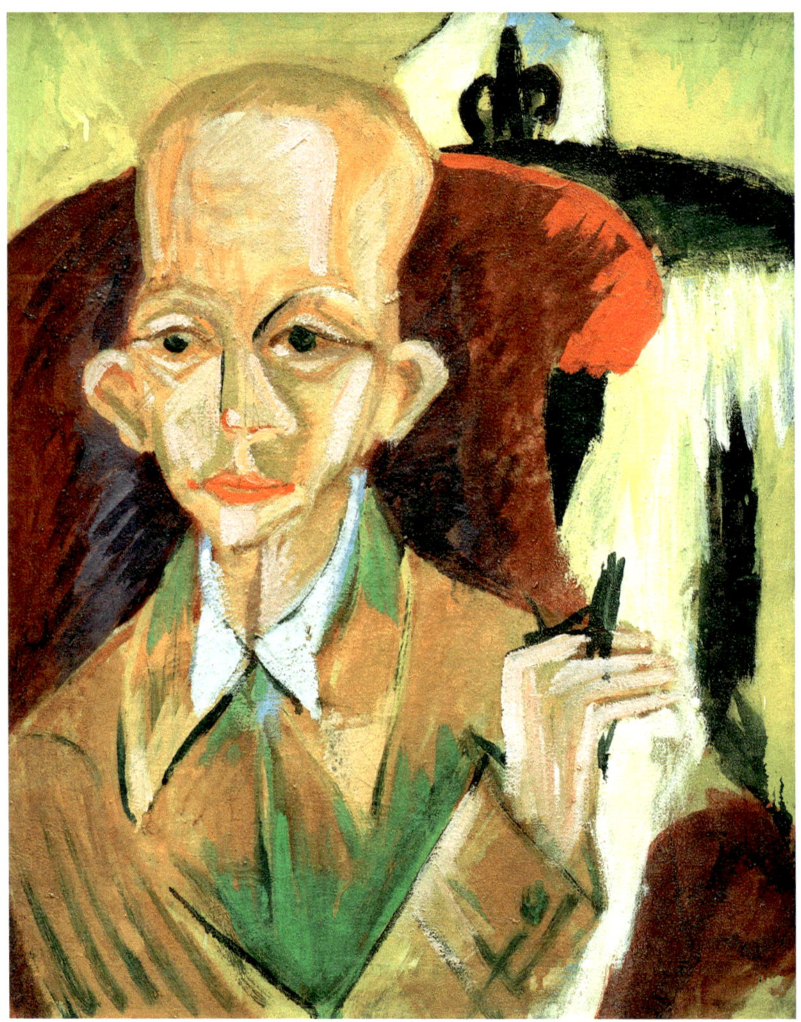

folger von Van de Velde in Weimar und Bauhausgründer Walter Gropius (1883–1969) auf Schlemmer aufmerksam. Nachdem die Auftragsarbeit geschafft ist, bereisen Schlemmer, Baumeister und Stenner gemeinsam die Kunstmetropolen Amsterdam, London und Paris.

ERSTER WELTKRIEG

Eine Woche nach Kriegseintritt des Deutschen Kaiserreiches melden sich Hermann Stenner und Oskar Schlemmer als Kriegsfreiwillige. Hermann Stenner wird nach zwei Monaten an der Westfront mit dem württembergischen Regiment *Königin Olga* (Nr. 119) an die Ostfront verlegt, wo er Anfang Dezember 1914 bei einem Angriff auf die Stadt Iłów in Polen fällt. Schlemmer hat sich freiwillig für den Sanitätsdienst gemeldet. Er wird jedoch als Soldat den kämpfenden Truppen zugeteilt. Die ersten Kriegserfahrungen in den Schützengräben an der Westfront bei Verdun und Lille lassen ihn anfänglich noch nicht umdenken. Während eines Lazarettaufenthaltes in Stuttgart im November 1914, Schlemmer hat sich keine Kriegsverletzung zugezogen, sondern lediglich den Fuß verstaucht, erklärt er seinem Schweizer Freund Otto Meyer-Amden: „*Ich würde mich wieder freiwillig stellen, auch wenn ich dableiben könnte. Hier ist es so, daß es für einen jungen Menschen eine Schande ist, herumzulaufen. Auch ohne dies es ist jetzt das einzig Richtige* […] *Gäbe es denn eine bessere Lösung für mein armes Herz als das Feld zumal der Ehre!*“[15] Enkelin Janine Schlemmer kann die Begeisterung, mit der junge Männer in den Ersten Weltkrieg zogen, heute nur sehr schwer nachvollziehen. Ihr Großvater Oskar Schlemmer war, wie viele seiner damaligen Künstlerkollegen, voll Begeisterung in den Krieg gezogen. Doch die Ernüchterung kam bald.

15 Zit. n. Schlemmer 1958, S. 28.

Figur von vorn (um 1915/16), Öl auf Leinwand, Privatsammlung

Er sei zweimal im Lazarett gewesen, weiß sie aus Erzählungen zu berichten.[16] Zuerst war er wegen eines Fußleidens bzw. einer Verstauchung des Fußes im Stuttgarter Lazarett und später tatsächlich aufgrund einer Verwundung, die er sich an der Ostfront zugezogen hatte, im Lazarett in Langenfeld bei Opladen. Über seine Empfindungen als Soldat und sein Hin-und-Hergerissensein schreibt er Mitte März 1915 ins Tagebuch:

> *„Erst ganz Soldat. Gefühl als Teil eines Ganzen. Hochgefühl beim Ausmarsch. Selbstbewußtsein gegenüber den Zurückbleibenden, Beschützer, Ausgesandter, Held. Draußen, infolge der Strapazen, Materie gegen Geist. Apathische Ergebenheit ins Schicksal. Fatum-Glaube. Mensch, sobald Idyll. Dann als Kranker. Dann hinter der Front. Lazarett in Aachen. Menschen-Minderwertigkeiten, und dies sich steigernd bis zu Menschenhaß. Anarchismus. Zeit zum Nachdenken. Zerstörungslust an all dem, das vorher angebetet wurde. Verhaltene Lust zum Malen, dagegen Lesen.“*[17]

In der Hauptfigur des gleichnamigen Romans *Niels Lyhne* von Jens Peter Jacobsen findet sich Schlemmer wieder (*„ich begegne mir auf Schritt und Tritt“*). Dies und die Novelle *Abdias* von Adalbert Stifter verkürzen ihm die Tage der Genesung. Im Lazarett Galkhausen bei Opladen malt Schlemmer 1915 ein Fresko *Südliche Landschaft* an die Saalwand der Kegelbahn. Das Wandbild belegt nur ein einziges Foto.[18] Die Krankenhausaufenthalte und eine längere Beurlaubung vom Militärdienst als Student ab Januar 1916, der anschließende Kasernendienst sowie die folgende Tätigkeit beim Militär in einer Vermessungsabteilung im Elsass erlauben Schlemmer, weiter an seiner Kunst zu arbeiten. Das traurig dreinblickende Mädchen im Bild *Figur von vorn* ist umgeben von schwarzen Tupfen. Sind es dunkle Regentropfen oder gar tausende Tränen?

16 O-Ton Janine Schlemmer in: WDR 2014.
17 Zit. n. Schlemmer 1958, S. 30.
18 Vgl. Herzogenrath 1973, S. 22f.

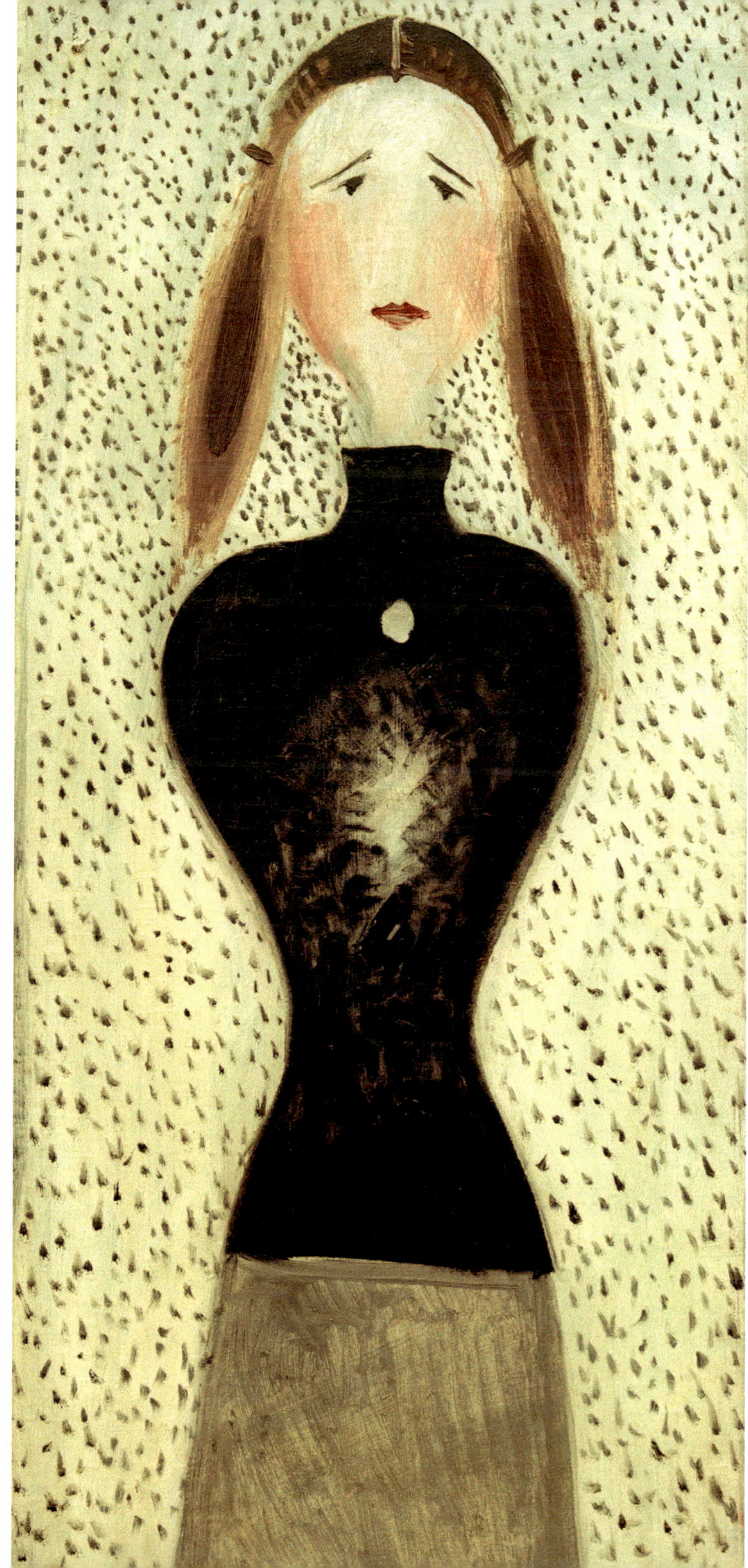

Da das Mädchen ein Wesen ohne Arme ist, versteht Sandra-Kristin Diefenthaler die Figur *„als eine Reaktion auf die amputierten Gliedmaßen der Kriegsverletzten“*[19]. Auch in des Mädchens Brust schien ein Loch zu klaffen, so als sei ihr das Herz entrissen.

19 Ina Conzen, in: Conzen 2014, S. 39.

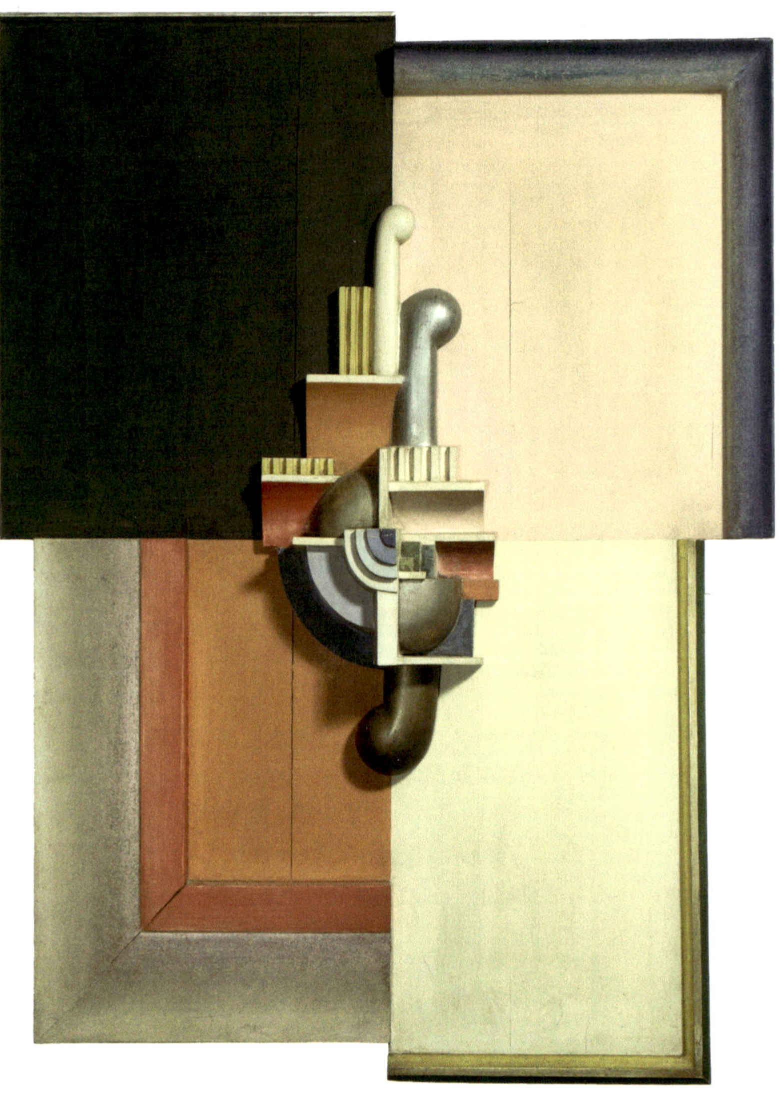

ORNAMENTALE PLASTIK

In der Arbeit *Ornamentale Plastik auf geteiltem Rahmen* verbindet Schlemmer dann die Kunstgattungen Malerei und Skulptur. 1919 wird seine Arbeit zur Skulptur. Das Werk besteht aus vier unterschiedlichen Segmenten farbig bemalter Bilderrahmen, die zusammengesetzt zu einem größeren Rahmen den Untergrund für eine farbig gestaltete, räumliche Plastik aus Kugel- und Kreissegmenten, trichterförmig zulaufenden Röhren, vertikalen und horizontalen Elementen bilden. Ein Viertel des Rahmens hat einen schmalen Goldrand, das andere einen breiten, silbernen Holzrahmen, das nächste ist monochrom schwarz gestrichen mit feinem silbrigen Rand und das vierte hat eine rosa Grundfläche und einen blauvioletten Rahmen. In einer zweiten Version (nach 1919) ist die *Ornamentale Plastik* von ihrem Untergrund befreit und schlicht in Weiß gehalten, sodass lediglich das Schattenspiel Grautöne hineinzaubert und somit die Plastizität des Werks unterstreicht. Schlemmer ist sich dieser neuen Dimension seiner Arbeiten durchaus bewusst: „*Zu meinen Bildern: ‚Bilder', die sie eben nicht mehr sind* […] *es sind vielmehr Tafeln, die den Rahmen sprengen, um sich* [mit] *der Wand zu verbinden und ein Teil der größeren Fläche, des größeren Raums als sie selbst, zu werden.*"[20]

Ornamentale Plastik auf geteiltem Rahmen (1919/23), Holz, farbig gefasst, Öl auf Kreidegrund, Kunstsammlung Nordrhein-Westfalen, Düsseldorf

20 (Nov. 1919) zit. n. Schlemmer 1958, S. 82.

SCHLEMMER, ITTEN UND LINDBERG

„RASIERSPIEGELBILD"

Johannes Itten: *Der Bachsänger* [Der Oratoriensänger Helge Lindberg], (1916), Öl auf Leinwand, Staatsgalerie Stuttgart

Auf bekannteren Fotos ist Oskar Schlemmer kahlköpfig zu sehen. Die gemalten frühen Selbstbildnisse *Männlicher Kopf I* (1912) und *Männlicher Kopf II* (1913) sowie Fotos zeigen ihn bis Mitte der 1910er Jahre noch mit vollem Haupthaar. Ob Schlemmer unter frühzeitigem Haarausfall litt, sodass er womöglich aus der Not eine Tugend machte, ist nicht überliefert. Schlemmer hatte sich während seiner Zeit als Meisterschüler wohl bewusst dazu entschieden, seinen Kopf komplett zu rasieren. Die Glatze ist als Symbol einer rationalen Konzeption und Charakteristikum seiner Bildfiguren zu verstehen, sagt Enkelin Janine Schlemmer.[21] Er selbst sprach von „*Rasierspiegelbild*"[22]. Während der Studienzeit und im Ersten Weltkrieg als Soldat entwickelte Schlemmer gewisse asketische Gedanken, die ihn zudem bewogen haben mögen, auch sein persönliches Erscheinungsbild entsprechend zu verändern, um folgende Wirkung zu erzielen: „*wenn ich so und so tue, tue ich buddhistisch, asketisch, weise.*"[23] Orientierte er sich am Studienfreund Johannes Itten, der sich damals ebenfalls eine Glatze rasierte? Oder haben sich beide gemeinsam entschlossen? Bei Karin von Maur[24] lässt sich nachlesen, dass es sich sogar um einen Dreierbund handelte: Schlemmer, Itten und Helge Lindberg.

Alle drei rasierten sich gemeinsam den Kopf, wobei Schlemmer der einzige war, der dies fast lebenslang als sein Markenzeichen behielt.

21 Gemäß Enkelin Janine Schlemmer in einer E-Mail vom 19.5.2015 an die Autorin.

22 Unveröffentlichter Brief vom 4.8.1916 an Otto Meyer-Amden, Staatsgalerie Stuttgart.

23 (Tagebuch, Sept. 1916) zit. n. Schlemmer 1958, S. 51.

24 Karin von Maur: „Es wuchs ein Kristall. Johannes Itten in Stuttgart 1913–1916", in: Johannes Itten. Künstler und Lehrer, hg. vom Kunstmuseum Bern 1984, S. 55–67, hier S. 58.

SÄNGER HELGE LINDBERG

An der Akademie traf Itten den finnischen Sänger Helge Lindberg (1887–1928) beim „Mittagstisch für Künstler", der von wohlhabenden Familien gestiftet worden war.

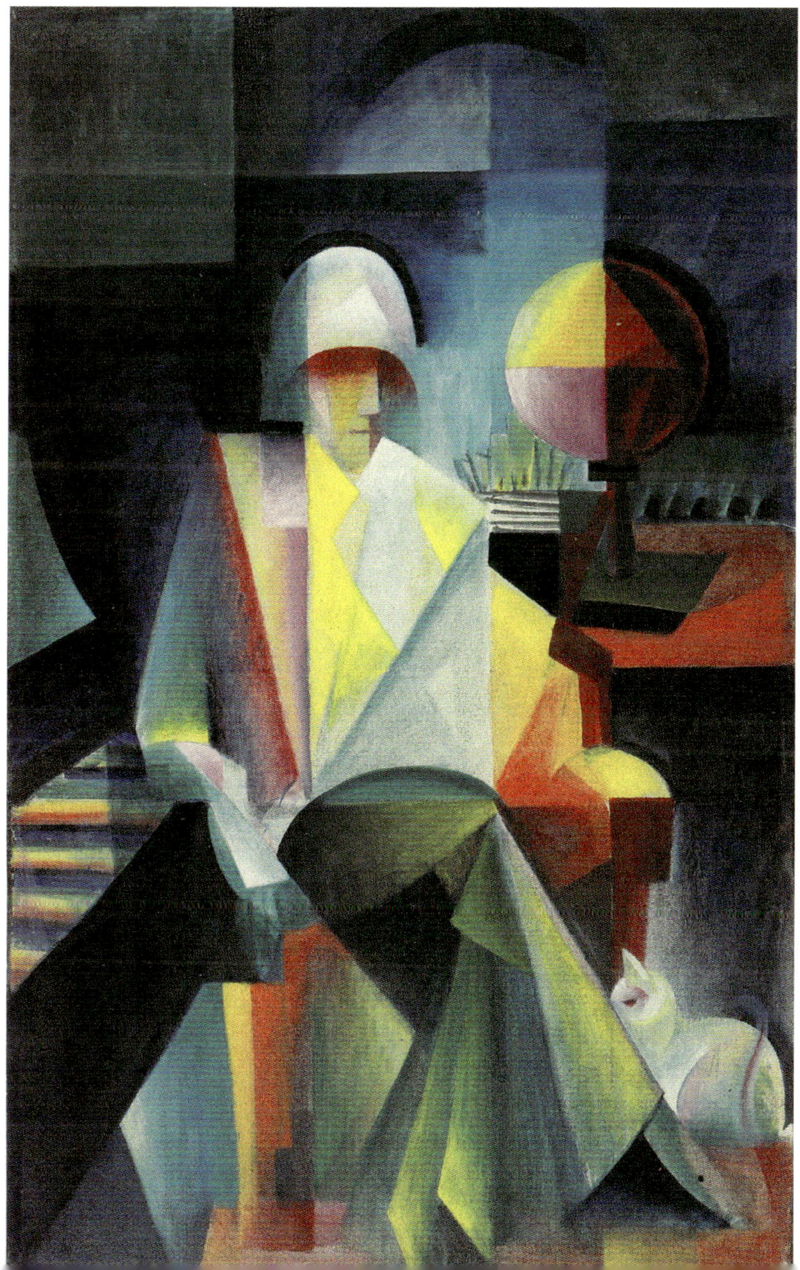

Hier bekamen Künstler seit dem Frühjahr 1915 eine warme Mahlzeit. Itten teilte mit Lindberg dessen musikalische Begeisterung für die Werke von Johann Sebastian Bach und freundete sich mit Lindberg an. Später wurde Lindberg in den deutschsprachigen Ländern bekannt und war wegen seiner mächtigen Gestalt legendär. Er gab ausschließlich Liedkonzerte, die Lieder vom Barock bis zur Moderne umfassten: Werke von Bach, Händel und Repräsentanten der italienischen Oper des 18. Jahrhunderts sowie auch Lieder von Gustav Mahler, Hugo Wolf und Arnold Schönberg. Oskar Schlemmer gesellte sich entweder bereits 1915, was aber unwahrscheinlich ist, da er mit seinem Regiment an der Ostfront war, oder erst bei seinem längeren Heimaturlaub, der ihm als Studierender der Akademie gewährt wurde, ab Januar 1916 hinzu. Er beurteilte den neuen Freund jedoch kritischer als Itten. In einer Nachricht an seinen Brieffreund Otto Meyer-Amden geht er auf Lindberg und dessen sprunghafte Interessen näher ein: *„sang Bach- und Händellieder, beschäftigte sich mit* [dem frühmittelalterlichen Verfasser geistlicher Hymnen] *Ekkehard,* [dem deutscher Mystiker, Philosophen und christlichen Theosophen Jakob] *Böhme,* [barocken Gedichten von Angelus] *Silesius, den buddhistischen Mönchs- und Nonnenorden und Fasten, um allerdings, als das Frühjahr kam, zu* [Friedrich] *Nietzsche und* [Goethes] *Faust zu kommen und Fleisch und Ausschweifungen.“* [25] In ihrem zeitgenössischen Essay „Dieser Helge Lindberg …“ erinnert sich die dänische Romanschriftstellerin und Theaterkritikerin Karin Michaëlis (1872–1950) an Lindbergs erstes Konzert (um 1920) in Wien[26], an einen *„ergreifenden Abend“* und die imposante Erscheinung des Baritons: *„Ein seltsamer Mensch stand dort oben und sang. Er glich ein wenig einer roh geschnitzten Holzfigur und ein wenig*

25 Unveröffentlichter Brief, undatiert (ca. Frühjahr 1916). Zit. n. Maur 1984, S. 58, Anm. 13.

26 In Wien, seiner letzten Lebensstation, startete Lindberg ab 1919 seine nur kurz währende, jedoch erfolgreiche Gesangskarriere und verstarb dort im Alter von 40 Jahren.

einem entsprungenen Sträfling. Die Augen lagen tief in den Höhlen. Das Haar war abrasiert, als wäre es in einer Pechkappe hängengeblieben. Sein Ernst war erdrückend, Furcht einflößend.“[27] Die Pechkappe, mit der die Haare ausgerissen wurden, diente früher als barbarische Behandlungsmethode bei Erkrankungen der Kopfhaut mit Kopfgrind.[28]

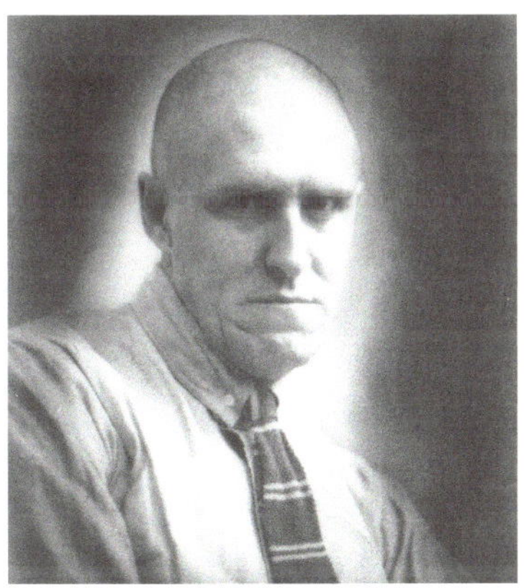

Helge Lindberg, Foto: Waldemar Eide (um 1920), Robert Meyer Collection, The National Museum of Art, Architecture and Design Oslo

DER DREIERBUND

Karin von Maur beschreibt die Freundschaft der drei Künstler während der Stuttgarter Zeit als ungemein anregend und schildert das Beisammensein anschaulich:

> *„Man traf sich im Atelier oder in der Künstlerküche, bei der auch ‚die Frauen zu Tische saßen‘, so daß sich manche Liebelei entspann; man diskutierte nächtelang, ob ein mönchisches Leben besser sei oder faustischer Lebensgenuß, man ließ sich gemeinsam den Schädel rasieren (aus Russenbegeisterung, Buddhismus-Mode oder, um keine romantischen Ideen aufkommen zu lassen).*“[29]

27 Karin Michaëlis: „Dieser Helge Lindberg …“, in: Neue Freie Presse, 12. Sept. 1926, S. 32.

28 Vgl. Samuel Plumbe: Praktische Abhandlung über die Hautkrankheiten, Weimar 1825, S. 44.

29 Maur 1984, S. 58.

Dies alles hat sich vermutlich während Schlemmers längerdauernder Beurlaubung zwischen Januar und September 1916 zugetragen, bevor Schlemmer wieder zu seinem Militärdienst zurückkehrte und Itten nach Wien übersiedelte. Itten und Schlemmer waren beide 27 Jahre alt und Lindberg lediglich ein Jahr älter. Lindberg bestritt seinen Lebensunterhalt als Klavier- und Gesangslehrer. Schlemmer war Meisterschüler. Itten hatte das Lehrerdiplom in der Tasche und unterrichtete in Vertretung für Hölzel. Fast wie eineiige Zwillinge wirken Itten und Schlemmer auf einem Foto aus dieser Zeit im Atelier des Erstgenannten, Schlemmer in Uniform und Itten im feinen Anzug, beide kahlköpfig. Doch so ähnlich wie sie sich sahen, waren sie keinesfalls. Schlemmer meinte, dass ständige Meinungsverschiedenheiten ihre Gegensätze schärfer herausstellten.

ESOTERIKER JOHANNES ITTEN

Als Schlemmer später relativ neu am Bauhaus ist, sucht er sich sowohl gegenüber Gropius als auch gegenüber Itten zu positionieren. Gropius stünde gar unter Ittens Einfluss, bemerkt er[30] und pointiert bald darauf: *„Itten ist Gropius“*[31]. In dieser Zeit erinnert er sich auch daran, bereits in Stuttgart in einer zwar freundlichen, jedoch dauernden Auseinandersetzung mit Itten gewesen zu sein. Dieser verließ Stuttgart im Oktober 1916 endgültig. In Wien gründete er eine eigene Kunstschule, dabei übernahm er viele pädagogische Elemente des Lehrers Hölzel. Später am Bauhaus, trug er ein Gewand, eine Art „Russenkittel“, der als *„von ihm entworfene Bauhaustracht“*[32] in die Geschichtsbücher über das Bauhaus einging. Bei

30 Schlemmer zit. n. Wagner 2005, S. 65.
31 (23. Juni 1921) zit. n. Beilfuß 2014, S. 32.
32 Hans Maria Wingler: Das Bauhaus. Weimar, Dessau, Berlin. 1919–1933, [4]1962, Köln 2002, S. 250, Foto auf S. 251.

diesem handelte es sich wohl eher um einen „*Malkittel*“[33], in der Manier wie Gustav Klimt und William Morris ihn zu tragen pflegten. Auf einer Fotografie aus der Bauhauszeit trägt Itten einen Anzug mit Stehkragen und verdeckter Knopfleiste, der vermutlich mit einem breiten Stoffriemen und breiter Schnalle gegürtet ist.[34] Eine ähnliche Jacke trägt der Bauhäusler Georg Muche (1895–1987) unter einem Mantel, zu sehen auf einer Schwarz-Weiß-Zeichnung von Bauhausschüler Paul Citroen (1896–1983) aus dem Jahr 1921.[35] Muche ist ebenso wie Itten Anhänger der Mazdaznan-Bewegung. Wie Karin Thönnissen näher darlegt, waren es also zwei unterschiedliche Outfits, mit denen Itten während seiner Zeit am Weimarer Bauhaus auftrat: Die langärmlige Tunika (Malkittel) mit einem Besatz, der am Rundhalsausschnitt von einer lose herabhängenden Kordel durchzogen war sowie ein zweites formelles Kleidungsstück, ein äußerst schlichter Anzug mit Stehkragen und verdeckter Knopfleiste. Insbesondere den Anzug wertet Karin Thönnissen als Ausdruck von Ittens Zugehörigkeit zur Mazdaznan-Bewegung, deren Anhänger er war. Bei dieser handelt es sich um eine westliche, lebensphilosophische Lehre, die auf indischen Heilsvorstellungen und Yogapraktiken basiert.[36] Itten wirkte alles in allem wie ein Priester. Was hat das Äußere von Itten mit Schlemmer zu tun? Eigentlich nicht viel, es verdeutlicht jedoch, bei aller Freundschaft[37], ihre extreme Unterschiedlichkeit.

33 Vgl. Karin Thönnissen: „Bauhaus-Tracht“, in: Framke 1998, S. 78–82.

34 Dieses Foto ist im Artikel „Bauhaus“ von Magdalena Droste mit „Johannes Itten in Bauhaustracht, 1920“ untertitelt. Vgl. Magdalena Droste in Münchener Stadtmuseum 1986, S. 52–56, hier S. 52.

35 Abb. ebd.

36 Karin Thönnissen sieht im strengen Anzug mit Stehkragen einen „*Mazdaznananzug, denn er* [Itten] *trägt ihn* [den Anzug mit Stehkragen] *nachweislich noch 1925, als er schon längst das Bauhaus verlassen hat.*“ (Karin Thönnissen in einer E-Mail vom 13.1.2016 an die Verfasserin).

37 Itten und Schlemmer blieben in Kontakt, was eine Korrespondenz zwischen beiden belegt. Während der schweren Zeiten im Nationalsozialismus bietet Itten (in einem Brief vom 3. März 1938) Schlemmer seine Unterstützung an, indem er ihm in Aussicht stellte, seine Kontakte in Holland zu nutzen. Zugleich berichtete Itten von seinen Hoffnungen, in die USA auswandern zu können. Diese Hoffnungen sollten sich jedoch nicht erfüllen.

Johannes Itten im Madzdaznan-Anzug, Foto von Paula Stockmar (ca. 1921)

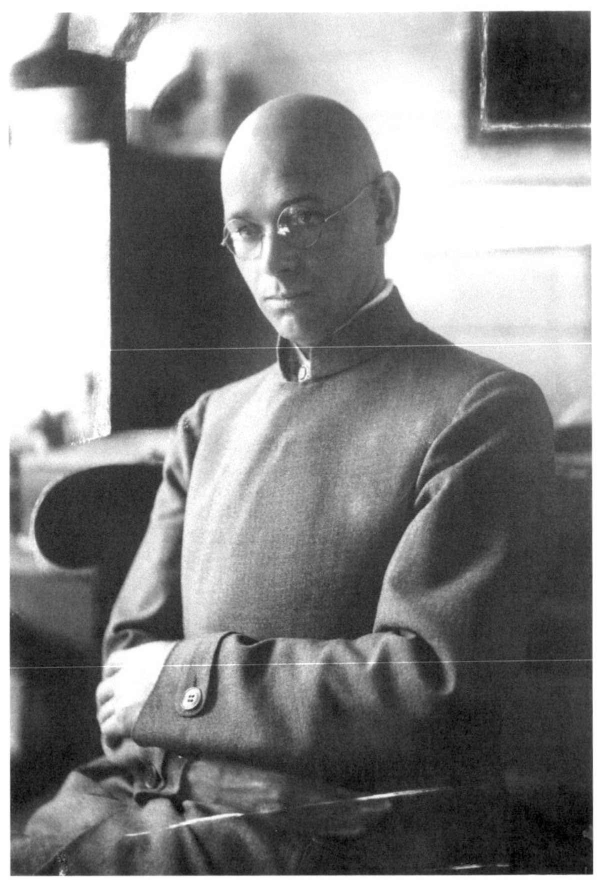

Künstlerisch und auch esoterisch verband Schlemmer mit dem gleichaltrigen Johannes Itten nicht allzu viel. Unterschiedlicher könnten ihre Auffassungen während der Studienzeit und auch später am Bauhaus kaum gewesen sein. Als einige Anhänger der Mazdaznan-Lehre in der Bauhausküche eine vegetarische Kost einführten, berichtete Schlemmer:

> *„Itten und einige Getreue vom Bauhaus leben seit längerem nach den Regeln, und von einem stattgehabten Kongreß in Leipzig kam Itten begeistert zurück. Er sieht darin die einzige Möglichkeit, ‚den neuen Menschen'*

zu erzeugen, glaubt an eine Umwandlung der Denk- und Gefühlsweise als Vorbedingung alles Weiteren. Ich konnte ihm nur entgegnen, daß dieses dem Magen Aufpassen und was die Lippen passiere einwärts die Unbefangenheit rauben könne und ablenke von wesentlichen Dingen wie Wort und Geist und daß ich nicht wisse, ob deren Reinheit durch einen reinen Magen bedingt sei. Ich nannte Balzac, der nur mit vollem Bauch gute Arbeit machen konnte. (Itten: ‚Aber was für Arbeit, und doch nur für Auchvollbäuche') Die fleischfressenden Holländer und Maler Itten will aus dem Bauhaus ein Kloster, mit Heiligen oder doch Mönchen, machen."[38]

Zwar waren beide in Stuttgart Schüler bei Hölzel, doch distanzierte Schlemmer sich von der pädagogischen Zielrichtung, die sowohl Hölzel als auch Itten verfolgten. Itten warf Schlemmer wiederum vor, dass dieser *„einfach so male* [...] *subjektiv, und das dürfe ein Bild nicht sein oder es gehöre in keine Ausstellung.*"[39] Dabei wird eins deutlich, in der Kontroverse mit Kunst, Kollegen und Krieg suchte Schlemmer seinen eigenen künstlerischen Weg.

MALER PAUL KLEE

Ein weiterer späterer Bauhäusler kam in Stuttgart ins Gespräch, als die Studentenschaft und federführend Oskar Schlemmer sich in der Nachkriegszeit für den Maler Paul Klee (1879–1940) als Nachfolger für Adolf Hölzel einsetzen. Schlemmer schwärmte bereits Jahre zuvor von dessen Vorzügen in den höchsten Tönen: *„Klee ist der feinste bekannte, moderne Geist* [...] *Klees Tat ist ganz wunderbar. In einem Minimum von Strich kann er seine ganze Weisheit offenbaren. So zeichnet ein Buddha. Ruhig, in sich ruhend, von keiner Leidenschaft bewegt, der unmonumentalste Strich, weil suchend und kindlich, um Größe*

38 (14. Juli 1921) zit. n. Beilfuß 2014, S. 33.
39 (Tagebuch, Sept. 1916) zit. n. Schlemmer 1958, S. 52.

zu offenbaren. Er ist alles; innig, zart und vieles andre Beste, und dies vor allem: er ist neu.“[40]

Auch Hölzel sah Klee wegen seiner zeichnerischen Fähigkeiten („*das Seelische der Zeichnung seiner Hand*“[41]) und seinem Gespür für Farbe als einen würdevollen Nachfolger an der Stuttgarter Akademie an. Doch die Berufung von Paul Klee an die Königliche Akademie der bildenden Künste in Stuttgart scheiterte an der Ablehnung innerhalb der Akademie sowie dem Verein der Kunstfreunde. Zu einem Streik durch die Schülerschaft, den Schlemmer im Sinn hatte, wie er Klee schrieb, sollte dieser abgelehnt werden, kam es aber nicht mehr. Was sie zu diesem Zeitpunkt nicht wissen konnten: Klee und Schlemmer sollten dann zwei Jahre später fast zeitgleich ihren Dienst als Meister am Staatlichen Bauhaus in Weimar aufnehmen.

40 (Sept. 1916) zit. n. ebd., S. 51.

41 Zit. n. Ulrich Röthke: „Die Farbe ist das Complicierteste...“. Hölzels Farbenlehre im Kontext seines Kunstunterrichts, Kunstgeschichte Open Peer Reviewed Journal, http://www.kunstgeschichte-ejournal.net/312/1/Farbenlehre.pdf, o. pag. (15.9.2015).

„DAS MÄDCHEN MIT DEN GOLDAUGEN“

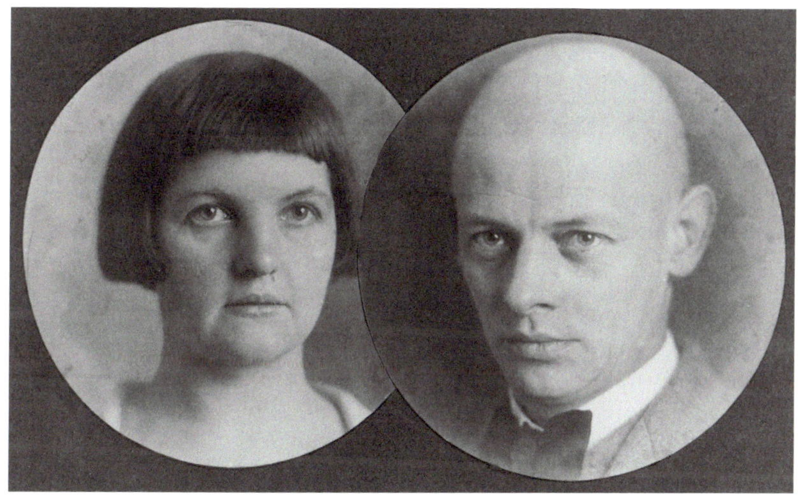

Tut und Oskar Schlemmer, Collage (ca. 1920), Archiv Oskar Schlemmer, Staatsgalerie Stuttgart

DAS JAHR 1920

1920 war ein ereignisreiches Jahr für Oskar Schlemmer. Bevor er Ende des Jahres an das Bauhaus berufen wurde, gab es mehrere „*Verlockungen*“. Nachdem er seine künstlerische Ausbildung an der Stuttgarter Akademie abgeschlossen hatte, war Schlemmer im Mai noch unschlüssig und sah für sich zwei Wege, einen mit der Kunst und einen ohne die Kunst: „*Der eine wäre* […] *eine Kontinuität im Schaffen*“ und zum anderen war Schlemmer: „*zu einer Kunstverneinung gekommen und entsprechend bereit, das Leben zu bejahen wie nicht vordem. Ich glaube, in der Tat auf Kunstübung verzichten zu können, oder das wenige an Drang beiläufig, etwa an Sonntagen (selbstbestimmten), zu befriedigen.* […] *Vielleicht, daß ich also die Kunst auf eine längere Zeit abstelle und mich dem Menschlichen zuwende.*“[42]

42 (25. Mai 1920) zit. n. Beilfuß 2014, S. 16.

Ab Mitte des Jahres überschlugen sich die Ereignisse förmlich: *„Der Tanz der Verlockungen ist sehr turbulent geworden“*[43]. Diese Verlockungen betrafen erstens eine geplante Ausstellung und zweitens eine Anstellung am Bauhaus in Weimar. Walter Gropius war der Nachfolger von Henry van de Velde als Direktor der Weimarer Kunstgewerbeschule, die Gropius in das neue Staatliche Bauhaus überführte. Gropius war bereits auf der Werkbundausstellung 1914 auf Oskar Schlemmer und dessen Wandgestaltung in Köln aufmerksam geworden. Schlemmer schreibt: *„der Weg führte über Weimar. Dort lud mich Gropius ein, im Bauhaus mitzutun, und stellte mir ein Atelier zur Verfügung.“*[44] Über das Bauhaus war Schlemmer bereits bestens informiert. Gropius berichtete ihm von dem schweren Stand, den er und das Bauhaus an der Kunsthochschule hatten, gegenüber der alten Akademie und dem Landtag. Vermutlich kannte Schlemmer in groben Zügen auch die politischen Schwierigkeiten, denen Gropius durch den Bauhausstreit zum Jahreswechsel 1919/20 und zu Beginn des Jahres 1920 ausgesetzt war. Aber jetzt schien das Bauhaus in Weimar vorerst gesichert.

Drittens hatte ein Freund in der Nähe von Dresden eine Stoffdruckfabrik eingerichtet. Aus Schlemmers Brief geht nicht klar hervor, wer der Freund war und ob er Schlemmer als Mitarbeiter gewinnen wollte oder ihn lediglich anregte, es ihm gleichzutun und dort ebenfalls einen selbständigen handwerklichen Betrieb mithilfe der Geldgeber und des Werkbundes zu gründen. Verlockung Nummer vier betraf *„das Mädchen mit den Goldaugen“*[45], also Helene (oder Helena) Tutein und seine Zukunft mit ihr. Als fünfte Verlockung reizte es Schlemmer an der von Hermann Graf Keyserling neugegründeten Schule der Weisheit in Darmstadt zu studieren. Schlemmer kannte

43 (7. Aug. 1920) zit. n. Beilfuß 2014, S. 19.

44 Ebd.

45 Ebd.

und schätze Keyserlings Schriften, vermutlich auch das *Reisetagebuch eines Philosophen* (1918). Mit der Beschreibung seiner Welt- und Indienreise in den Jahren 1911 und 1912 hatte der aus Estland stammende Naturwissenschaftler und Philosoph Hermann Graf Keyserling (1880–1946) große Bekanntheit in Deutschland erlangt. Das Buch brachte zahllose Menschen dazu, sich mit indischem Gedankengut zu beschäftigen und Yoga zu praktizieren.

VOLKSWIRTIN HELENA TUTEIN

Helena Tutein (1890–1987) hatte hugenottische Vorfahren. Sie hatte in Mannheim und an der Universität Heidelberg Volkswirtschaftslehre studiert. Sie war eine gebildete und sehr selbstbewusste und noch dazu eine berufstätige und moderne Frau. Sie trug die Haare kurz, einen Bubikopf, eine kinnlange Kurzhaarfrisur, mit oder ohne Pony, wie ihn Asta Nielsen (*Hamlet,* 1921) und andere Filmdiven zu jener Zeit auf die Leinwand brachten. Oskar Schlemmer hatte Helena 1918 nach seiner Rückkehr aus dem Krieg kennengelernt, als sie in der Firma ihres Onkels in Stuttgart arbeitete. Sie heiratete Oskar Schlemmer im November 1920. Ihren Mädchennamen wollte Helena Tutein durch die Heirat nicht gänzlich ablegen und so nannte sie sich mit Vornamen fortan kurz „Tut“.[46] Über seine ernsthaften Eheabsichten schrieb Schlemmer ein paar Tage nach seinem 32. Geburtstag und kurz vor seiner Trauung mit Tut: *„Daß ich nächstens verheiratet! Bislang ist es ein Stimmengewirr von Triumph, Beifall, Zweifel und Ablehnung, demgegenüber nur das steht, was es hervorgerufen: die Tut.“*[47]

46 Janine Schlemmer (Enkelin von Tut und Tochter von Karin Schlemmer), in: WDR 2014.

47 (9. Sept. 1920) zit. n. Beilfuß 2014, S. 20.

DIE KÜNSTLERGATTIN UND DER BAUHAUSMEISTER

Oskar Schlemmer erlag zuerst der Verlockung Nummer vier (Heirat) und dann der Verlockung Nummer zwei (Bauhausmeister): Das frischvermählte Paar plante ein zurückgezogenes, ländliches Leben. Auf dieser Basis hatte Tut in die Ehe eingewilligt. Obwohl seine Frau auch zur Bedingung gemacht hatte, nicht als Künstlergattin zu fungieren („*sie will um alles nicht die Künstlergattin spielen*“[48], schrieb Schlemmer an seinen Künstlerfreund Otto Meyer-Amden), und weil Schlemmer sich zudem nicht sicher war, ob er wohl auf dem Land künstlerisch etwas erreichen würde, entschied er sich für das städtische Weimar und das dort im Jahr zuvor gegründete Bauhaus.

Klee und Schlemmer wurden gemeinsam als neue Professoren in der Presseerklärung des Staatlichen Bauhauses vom 19. Januar 1921 angekündigt:

> „*Der Münchner Maler Paul Klee und der Stuttgarter Maler und Bildhauer Oskar Schlemmer, Führer der dortigen Üecht-Gruppe, sind an das Staatliche Bauhaus in Weimar berufen worden. Der Meisterrat des Staatlichen Bauhauses besteht somit aus folgenden* [sieben] *Künstlern: Walter Gropius, Lyonel Feininger, Johannes Itten, Paul Klee, Gerhard Marcks, Georg Muche, Oskar Schlemmer.*“[49]

Klee und Muche sollten laut Ministerium lediglich einen Jahresvertrag bekommen. Gropius erbat für beide beim Ministerium einen Vertrag bis zum 1.4.1923, womit die Künstler einverstanden waren.[50]

Oskar Schlemmer wohnte anfänglich ebenso wie sein Kollege Paul Klee in der Pension Keyserling. Im April 1921 zog das Ehepaar Schlemmer dann in eine Wohnung

48 (4. Nov. 1920) zit. n. Beilfuß 2014, S. 22.
49 ThHStAW, BH Nr. 111, Bl. 59.
50 (Brief vom 2.12.1920) zit. n. ebd., Bl. 143.

im Schloss Belvedere ein und ab Oktober des Jahres in eines der dortigen Kavaliershäuser.

FAMILIE SCHLEMMER IN WEIMAR

Aus dem Paar wurden während der Zeit am Bauhaus Eltern von drei Kindern, zwei Mädchen und einem Jungen. Die erste Tochter Karin kam 1921 zur Welt, ein gutes Jahr später 1922 die zweite Tochter Ute Jaïna. Ob es nach der zweiten Tochter ausschließlich mit Mädchen für die Schlemmers weitergehen sollte, mutmaßten die Bauhausschülerinnen und schenkten ihm selbstgebackene Plätzchen mit lauter Mädchennamen. Schlemmer notiert ins Tagebuch: „*Gestern Bauhaus-Weihnacht. Ich bekam (von den Mädchen der Weberei) bei den Scherzpaketen je ein Kind, Mädchen, Mädchen, nichts als Mädchen: Petersilie geb. 1924, Konstruktiva 1925, Abstrakta 1926,*

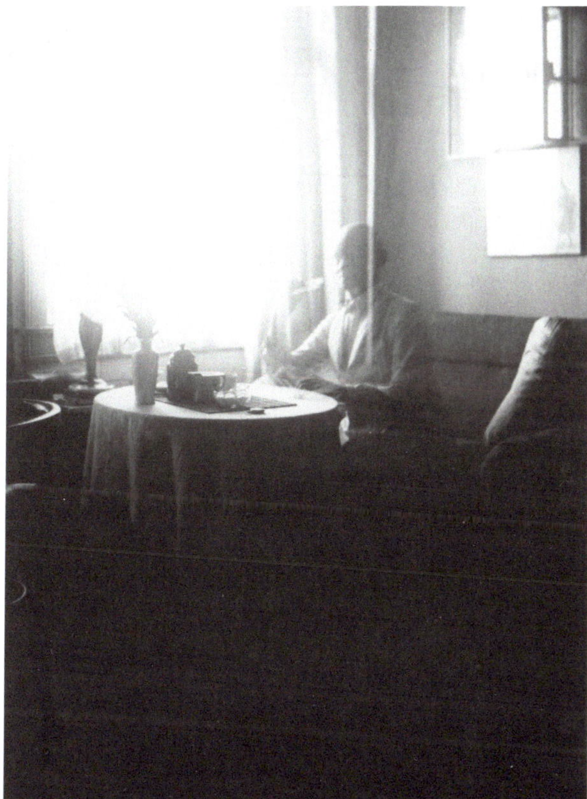

Selbstportrait (1925), Oskar Schlemmer in der Wohnung Prellerstraße, Gelatine-Silberdruck, J. Paul Getty Museum, L. A. (USA)

Maizena 1927, Mariechen 1928, Amerika 1929, Rosina Sultanina 1930.“[51] Der langersehnte Sohn namens Tilman wurde 1925 geboren.[52] Die Familie wohnte zu dieser Zeit[53] in einem Mehrfamilienhaus in der Prellerstraße 14 im zweiten Stock. Hier hatte Oskar Schlemmer auch ein Arbeitszimmer mit Schreibmaschine eingerichtet.

Sein Bruder Carl Schlemmer, dieser war ab 1. Mai 1921

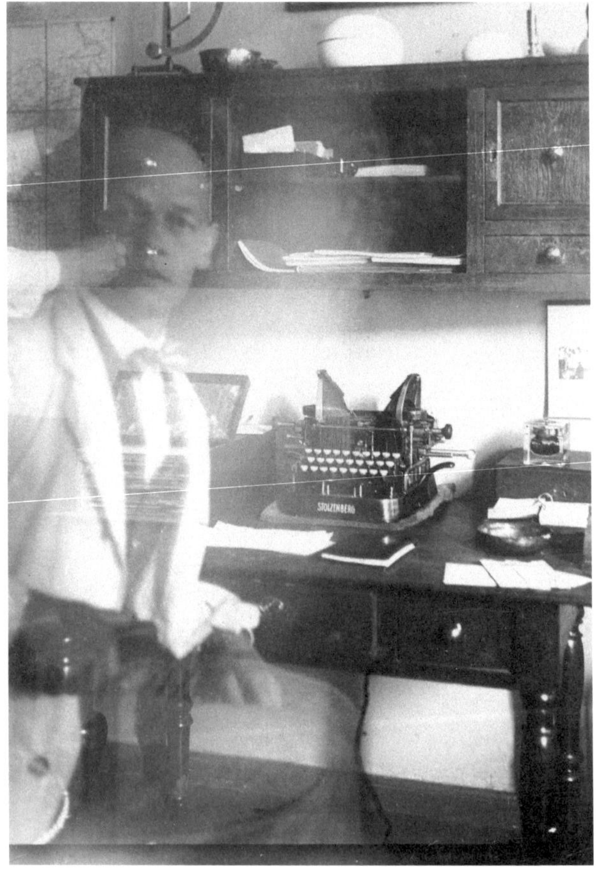

Selbstportrait (1925), Oskar Schlemmer in seinem Arbeitszimmer in der Prellerstraße, Gelatine-Silberdruck, J. Paul Getty Museum, L. A. (USA)

51 (19. Dez. 1922) zit. n. Beilfuß 2014, S. 56.

52 Ute Jaïna Schlemmer starb 2010 in Basel, ihr jüngerer Bruder Tilman Schlemmer fiel im Zweiten Weltkrieg und die älteste Schwester Karin verstarb 1981.

53 Verzeichnet im Adressbuch der Stadt Weimar 1924.

als Werkstattleiter der Wandmalerei am Staatlichen Bauhaus Weimar angestellt, bewohnte ein Hinterhaus ganz in der Nähe der Hochschule in der Kunstschulstraße 3 (heute Geschwister-Scholl-Straße) in Weimar,[54] das Hinterhaus existiert jedoch heute nicht mehr.

Wie zentral der Lebensabschnitt am Bauhaus in Weimar und Dessau für Oskar Schlemmer und seine Frau letztlich war, erinnert Tut Schlemmer im hohen Alter: *„Neun Jahre waren wir am Bauhaus. Es war eine aufregende und anstrengende Zeit, jedoch trotz allem eine unvergleichliche, voll großartiger Entscheidungen. Diese Jahre waren ein Stück Kunstgeschichte, aber auch Zeitgeschichte. Ein Kampf der Geister, offenkundig oder geheim wie vielleicht nirgends sonst, eine dauernde Unruhe, die den einzelnen* [sic!] *fast täglich zwang, zu tiefgehenden Problemen grundsätzlich Stellung zu nehmen.*“[55]

54 Ebd.

55 Tut Schlemmer: „... vom lebendigen Bauhaus und seiner Bühne“, in: Neumann 1985, S. 224–232, hier S. 224.

TÄNZERISCHE FIGUR UND BAUHAUSBÜHNE

MALEREI UND THEATER

Die Tänzerin (1922/23), Öl und Tempera auf Leinwand, Bayerische Staatsgemäldesammlung, München

Zwei Herzen schlagen in der Brust von Oskar Schlemmer: eines für die Malerei und eines für das Theater. Während seiner Zeit am Bauhaus wird er immer wieder vor der Frage stehen, welcher seiner Herzensangelegenheiten er sich mehr widmen kann und sollte. So schreibt er an seinen Künstlerkollegen Otto Meyer-Amden:

> *„Das Theatralische, dem ich zur Zeit so ganz ausschließlich unterliege, nimmt mich für alles andere gefangen. Es kommt da nun auch eins aus dem anderen wie, scheint's, immer, wenn etwas ganz und ausschließlich und mit Lust getan wird, so daß ich selbst nicht weiß, wo nun mein spezieller Hase im Pfeffer liegt, ob in Malerei oder jenem; das Vielgestaltige, Tänzerische, Musikalische, Farbige, Personelle reizt daran.“*[56]

Zentrales Thema, sowohl auf der Bühne als auch in der Malerei, ist für Schlemmer der Mensch im Raum. Am Ende seines Studiums vertraut er seinem Tagebuch an: *„Die Darstellung des Menschen wird immer das große Gleichnis für den Künstler bilden.“*[57] Eine Ungewissheit erfasst ihn, nachdem er die Akademie verlassen hat: Ob er die Kunst ruhen lassen solle, um sich stattdessen *„dem Menschlichen“*[58] zuzuwenden? Am Bauhaus verfasst er den Text *Mensch und Kunstfigur* (1924) und in Dessau wird sein Interesse an der menschlichen Figur in der Kunst zudem in seinem Lehrprogramm *Der Mensch* (1928) zum Ausdruck kommen. Die Malerei hat einen schweren Stand am Bauhaus und einige Künstler verzichten bewusst auf das Malen. Im Tagebuch gesteht Schlemmer: *„Ich bin innerlich voller Figur.“*[59]

56 (Dez. 1928) zit. n. Beilfuß 2014, S. 128.
57 (Nov. 1919) zit. n. ebd., S. 13.
58 (25. Mai 1920) zit. n. ebd., S. 16.
59 (25. Okt. 1922) zit. n. ebd., S. 52.

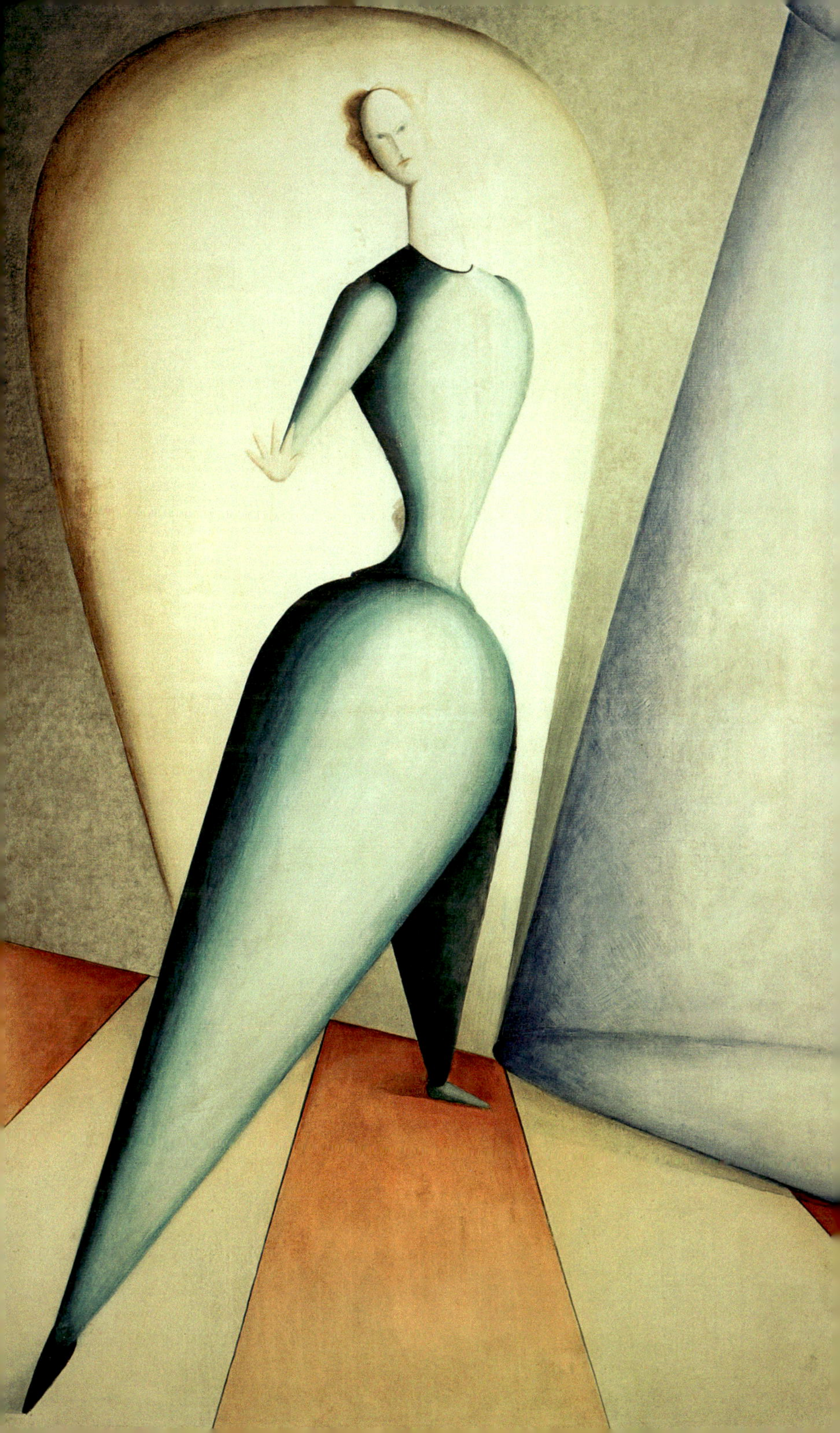

DAS TRIADISCHE BALLETT

Die Versuchsbühne am Staatlichen Bauhaus in Weimar bot ideale Möglichkeiten, um die neuen Impulse und Reformen von Tanz und Theater aufzunehmen. Oskar Schlemmer leitete die Bauhausbühne von 1923 bis 1925 in Weimar und später dann in Dessau bis 1929 mit deutlich besseren räumlichen Bedingungen im von Gropius neuerbauten Schulgebäude. Schlemmer ist 1923 geradezu prädestiniert als neuer Leiter der Bühnenwerkstatt. Ein Jahr zuvor hatte er in Stuttgart am 30. September 1922 mit der Uraufführung des *Triadischen Balletts* neue Maßstäbe in der Bühnen- und Tanzkunst gesetzt: Auf der Bühne entsteht eine neue Kunst der Körperbewegung. Der Tänzer wird zur abstrakten Figur, die entgegen dem klassischen Charakterdarsteller des Schauspielers, keine individuelle Rolle spielt. Gleichsam beginnen die abstrakten Figurinen eines Gemäldes die Dimensionen von Zeit und Raum zu erobern. Hinzu kommt die Musik.

In seiner Abhandlung über das Ballett schreibt Schlemmer im September 1922: „*Das Triadische Ballett, das mit dem Heiteren kokettiert ohne der Groteske zu verfallen, das Konventionelle streift ohne mit dessen Niederungen zu buhlen, zuletzt Entmaterialisierung der Körper erstrebt ohne sich okkultisch zu sanieren, soll die Anfänge zeigen, daraus sich ein deutsches Ballett entwickeln könnte, das in Stil und Eigenwert so verankert wäre, um sich gegenüber vielleicht bewundernswerten, doch wesensfremden Analogien zu behaupten. (Russisches, schwedisches Ballett.)*“[60]

Im Buch zur Bauhausausstellung 1923 erklärt Schlemmer zudem die Verbindung von Raum und Tanz in seinem *Triadischen Ballett*, das als Gastspiel in Weimar zur Bauhauswoche aufgeführt wurde. Choreografie und Kostüme basierten auf elementaren Grundformen:

60 Oskar Schlemmer: „Ballett?“, in: Staatliches Bauhaus Weimar [1923], S. 145f.

Gerade, Diagonale, Kreis und Ellipse. Die bewegenden Körper erzeugten so eine Dimensionalität des Raumes. Die Tanzaufführung, eigentlich ein „*Anti-Tanz*" (lt. Karin von Maur), besteht aus zwölf Tänzen und 18 Kostümen. Die Thematik entwickelt sich vom Heiteren zum Ernsten. „*Triadisch*" meint die dreigliedrigen Ordnungen. Die Dimensionen des Raumes: Höhe, Tiefe, Breite; die Grundformen: Kugel, Kubus, Pyramide; die Grundfarben: Rot, Blau, Gelb. Die Dreiheit von Tanz, Kostüm und Musik. Die Musikauswahl stammte von unterschiedlichen (historischen) Komponisten. 1926 gab es eine Aufführung mit einer von Paul Hindemith für mechanische Orgel komponierten zeitgenössischen Musik. Mit seinem experimentellen Tanzkonzept, dem *Triadischen Ballett* (1922), gelingt Schlemmer in eben jener Zeit „*die Synthese von Mensch und Marionette, von Natur und Kunstfigur*"[61].

In Weimar wurde das *Triadische Ballett* während der Bauhauswoche am Donnerstag, den 16. August 1923 im Deutschen Nationaltheater mit der Weimarischen Staatskapelle um 20 Uhr aufgeführt.[62] Schlemmer befand, dass der Erfolg groß war: „*es gab anderntags viel heitere Gesichter in Weimar*"[63] und, dass die Aufführung besser als in Stuttgart gewesen sei.

DIE BÜHNE AM BAUHAUS

Aus heutiger Sicht auf das Bauhaus umfasste es die große Bandbreite von Gestaltung, von Architektur, Malerei und Skulptur bis hin zum Theater. Die Bühnenkunst hatte Gropius in seinem Manifest von 1919 jedoch noch nicht bedacht.[64] Oskar Schlemmer und Paul Klee kamen beide

61 Karin von Maur in: Maur 1977, S. 200.
62 Wahl 2009, S. 300.
63 Tagebuch, Juli/August 1923, zit. n. Schlemmer 1958, S. 151.
64 Vgl. Juliet Koss: „Einige menschliche Puppen", in: Blume u. Hiller 2014, S. 18–31, hier S. 18.

zu Anfang des Jahres 1921 nach Weimar und prägten die weitere Ausrichtung des Bauhauses entscheidend mit.

Es war nicht einzig Oskar Schlemmer, der die Bühne als Aufgabe am Bauhaus sah. Auch Paul Klee hatte die Vision, neben der Architektur die Bühne als zentralen gestalterischen Auftrag am Bauhaus zu etablieren. Paul Klees Gemälde *ohne Titel (Architektur auf der Bühne)* ca. 1918 veranschaulicht die Verbindung von Architektur und Theater. Schlemmer, der mitten in der Arbeit an einem Bühnenstück war, als er 1921 ans Bauhaus kam, brachte seine Leidenschaft für das Theater und den Tanz gleichsam mit. Tanz und Architektur ergänzen sich zudem hervorragend. Körper und Raum stehen in enger Beziehung zueinander. Das menschliche Maß bedingt das räumliche Maß, wie dies der Architekt Le Corbusier (1887–1965) mit seinem *Modulor* verdeutlichte und Leonardo da Vinci bereits mit der Darstellung *Vitruvianischer Mensch* (um 1490), welche wiederum auf den benannten römischen Architekten zurückgeht, gezeigt hatte. Bewegung und Tanz machen Raum körperlich erfahrbar, spürbar und zuweilen deren Ausmaße sichtbar.

Schlemmer sah in der Illusionswelt des Theaters anfänglich eher den Raum für architektonische Experimente, wobei er mehr an die Kulissenarchitektur als eine praktische Aufgabe für Bauhäusler dachte. „[Gropius] *hat einen Dichter und Bühnenkünstler, der in Hamburg eine ‚Kampfbühne' errichtete, Lothar Schreyer, nach Weimar berufen, so daß wir hier nun, von mir sehr begrüßt, den theatralischen Einschlag bekamen. In den Themen wird das Theatralische künftig weiten Raum einnehmen.*"[65] Lothar Schreyer (1886–1966), Kunstgewerbelehrer und expressionistischer Maler, kam im Juni 1921 an das Bauhaus. Er wurde Leiter der Bühnenwerkstatt und vom Meisterrat am 1.10.1921 zum „*Meister mit Sitz und Stimme*" in den Meisterrat gewählt.

65 (14. Juni 1921), zit. n. Beilfuß 2014, S. 32.

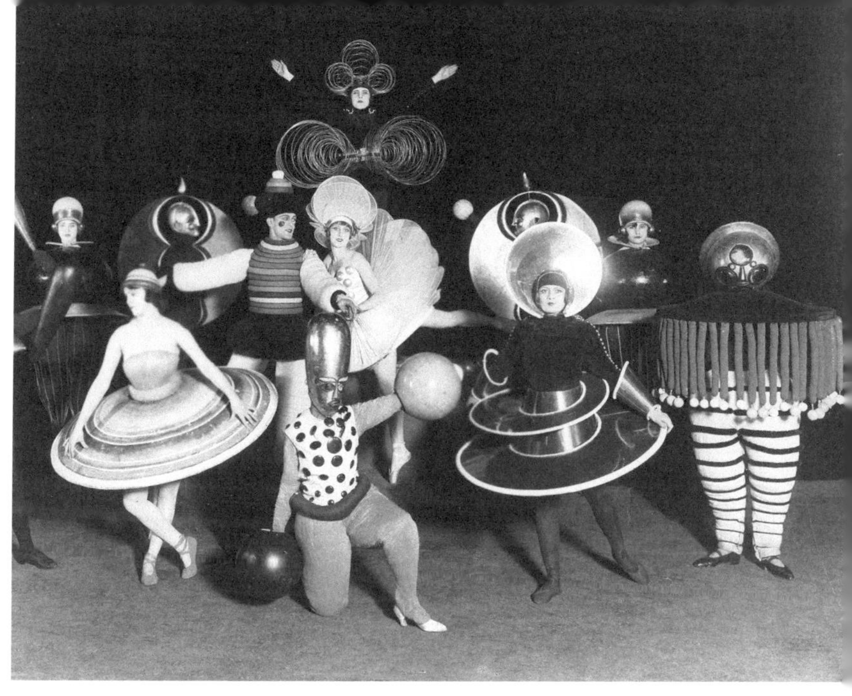

Das *Triadische Ballett*, in: Regieheft für Hermann Scherchen (1927), Foto: Ernst Schneider (Berlin), Bauhaus-Archiv Berlin

Zufällig fiel dies mit der Trennung zwischen dem Staatlichen Bauhaus und der Staatlichen Hochschule für Bildende Kunst am 1.10.1921 zusammen. Gropius hatte den Versuch unternommen, die Ausbildung der Freien und der Angewandten Kunst in einer Schule in seinem Bauhaus zu vereinen. Die erfolgreiche Zusammenführung scheiterte am Widerstand der alteingesessenen Professorenschaft aus der Hochschule für Bildende Kunst. Ende März 1923 berichtet Schlemmer an seinen Freund Meyer-Amden denn auch vom Ausscheiden[66] Lothar Schreyers aus dem Weimarer Bauhaus noch vor der Bauhaushauswoche. Grund hierfür war, seiner Schilderung zufolge, eine Probeaufführung des *Mondspiels* im Februar, die bei Meistern und Schülern gänzlich durchgefallen war. Daraufhin soll Schlemmer *„dies und jenes Theatralische“*[67] auf der bevorstehenden Bauhausausstellung im Sommer veranstalten.

66 Im Herbst 1923 verließ Schreyer das Bauhaus wieder. ThHStAW, BH Nr. 114, Bl. 182.
67 Zit. n. Schlemmer 1958, S. 144.

In der Satzung des Staatlichen Bauhauses in Weimar war die Bühne dann zumindest ab 1923 ein fester Bestandteil der Ausbildung. Wenngleich die Bühnenwerkstatt erst in Dessau zur vollen Entfaltung kommen sollte, so waren doch bereits in Weimar die Inhalte klar:

> *„Die Bauhausbühne arbeitet für Erneuerung der Bühnenkunst. In der Bühnen-Lehrwerkstatt werden die bühnenkünstlerischen Probleme der Form, der Farbe, des Lichtes, der Bewegung und des Tones durchgearbeitet. Die mechanische und organische Bewegung, der Sprachton, Musikton und Geräuschton sowie der Bau von Masken und Bühnenfiguren wird erlernt. Die Gesetze der Mechanik, Optik und Akustik sind Voraussetzungen der Bühnengestaltung.* […] *Die Bauhausbühne veranstaltet öffentliche Aufführungen mannigfacher Art, die in der Bühnenwerkstatt gestaltet werden: Tänze, Tanzspiele, Marionettenspiele, Schattenspiele, Lichtkompositionen und Bühnenwerke. Die Aufführungen finden in Weimar und an allen Orten statt, wohin die Bauhausbühne gerufen wird. Die Spiele werden so vorbereitet, daß sie ohne technische Schwierigkeiten in jedem Saal aufgeführt werden können.“*[68]

AUFFÜHRUNGEN DER BAUHAUSBÜHNE

Schlemmer-Schüler René Halkett[69] (1900–1983) erinnert sich an die „*Experimentelle Bühnenwerkstatt*“ am Weimarer Bauhaus. An finanziellen Mitteln und Räumen für die Bühnenwerkstatt mangelte es am Bauhaus in Weimar.[70] Die Schülergruppe der Bühnenwerkstatt

68 ThHStAW, BH Nr. 29, Bl. 977.

69 Am 5.2.1900 in Weimar unter dem Namen Albert Friedrich Freiherr von Fritsch geboren. In den Akten im ThHStAW, BH findet sich kein Eintrag über ihn in einer Schülerakte. Nach eigenen Angaben war er von 1923 bis 1925 Schüler am Weimarer Bauhaus und hat u. a. an Produktionen der Bauhausbühne mitgearbeitet. Vgl. Halkett 2011, S. 480.

70 Ebd., S. 290.

brachte jedoch trotz Mangel viel zustande und feierte, obwohl sie sich mehr oder weniger selbst überlassen war, große Erfolge, beispielsweise eine Ballettaufführung in Berlin. Die Bühnenbilder stammten meist von Oskar Schlemmer selbst. Die Bauhaus-Bühne zeigte sich in Weimar 1923 erstmals hochoffiziell. Zur großen Bauhausausstellung 1923 wurde im Deutschen Nationaltheater das *Triadische Ballett* von Oskar Schlemmer aufgeführt. Schlemmer hatte zu dieser Zeit neben der Leitung der Bühne auch die künstlerische Leitung der Holz- und Steinbildhauerei inne. Das deutsche Nationaltheater Weimar hatte 1921 den Jenaer Theaterbau übernommen. Gropius gestaltete den Zuschauerraum, das Foyer und eine neue Fassade. Von der Gestaltung und Farbgebung aus der Bauhauszeit und der Fassade ist am und im heutigen Jenaer Theater nichts geblieben. Durch spätere Umbauten um 1948 ist heute keine Bauhausarchitektur mehr sichtbar. Jedoch damals 1923, im von Walter Gropius in Jena frisch sanierten Theater, fanden erste Aufführungen der Bauhausbühne statt. Eine der ersten Darbietungen in Jena war ein Fiasko. Tut Schlemmer konnte diese Blamage wohl nicht vergessen und erinnerte sich sehr gut daran. Die Vorführung kam nicht recht voran. Die Pausen wurden immer länger. Hinter der Bühne wurde gehämmert, debattiert und geflucht. Nur der Bauhausschüler Andor Weininger stand auf der Bühne und vermochte mit seinen humoristischen Ansagen den Abend aufzulockern und so gut es ging zu retten. Dies war keine gelungene Vorstellung. Tut Schlemmer schilderte es in ihren Erinnerungen *… vom lebendigen Bauhaus und seiner Bühne*: *„Wie die begossenen Pudel kehrten wir nach Weimar zurück, und Gropius würdigte uns keines Blickes.“*[71] Vermutlich hatte sie die Aufführung *Mechanisches Kabarett* am Freitag, 17. August 1923 während der Bauhaus-

71 Tut Schlemmer, in: Neumann 1985, S. 224–232, hier S. 228.

woche im Stadttheater Jena gemeint. Im Programm zur Bauhaus-Ausstellung[72] wird die Vorstellung für acht Uhr abends angekündigt. Die gemeinsame Zugfahrt begann in Weimar um halb sechs abends und zurück ging es von Jena gegen halb zwölf nachts. *Das figurale Kabinett* von Oskar Schlemmer war die letzte von sechs kleinen Aufführungen des Bauhauses unter dem Titel *Mechanisches Kabarett* an jenem Abend. Die Bauhäusler Marcel Breuer, Kurt Schwerdtfeger, Kurt Schmidt, Georg Teltscher und Joost Schmidt (1893–1948) spielten mit. Der Bauhausschüler Andor (Andreas) Weininger führte als *„mechanischer Conférencier"* durch das Programm.[73] Schlemmer ersann sein Stück folgendermaßen: *„Das figurale Kabinett, halb Schießbude, halb methaphysicum abstraktum, ist ein Bühnenauftritt voll reliefmäßig hintereinander gereihter halber, ganzer und viertels Figuren* [...]. *Eine babylonische Verwirrung voll Methode, Potpourri für Auge in Form und Stil und Farbe. Direktion: Caligari, Amerika und Oskar Schlemmer, Weimar."*[74] Schlemmer macht hier eine Anspielung auf den Film *Das Cabinet des Dr. Caligari* aus dem Jahr 1920 von Robert Wiene. Dr. Caligari wurde in der Rezeption zu einem Synonym für den geistig abnormen, dämonischsomnambulen und gleichzeitig hochintelligenten Wissenschaftler.

Entwurf für Figurine des Triadischen Balletts (1922/23), Staatsgalerie Stuttgart

72 Abgedruckt in Wahl 2009, S. 300ff.
73 Vgl. ThHStAW, BH Nr. 42, Bl. 38ff.
74 Ebd., Bl. 11.

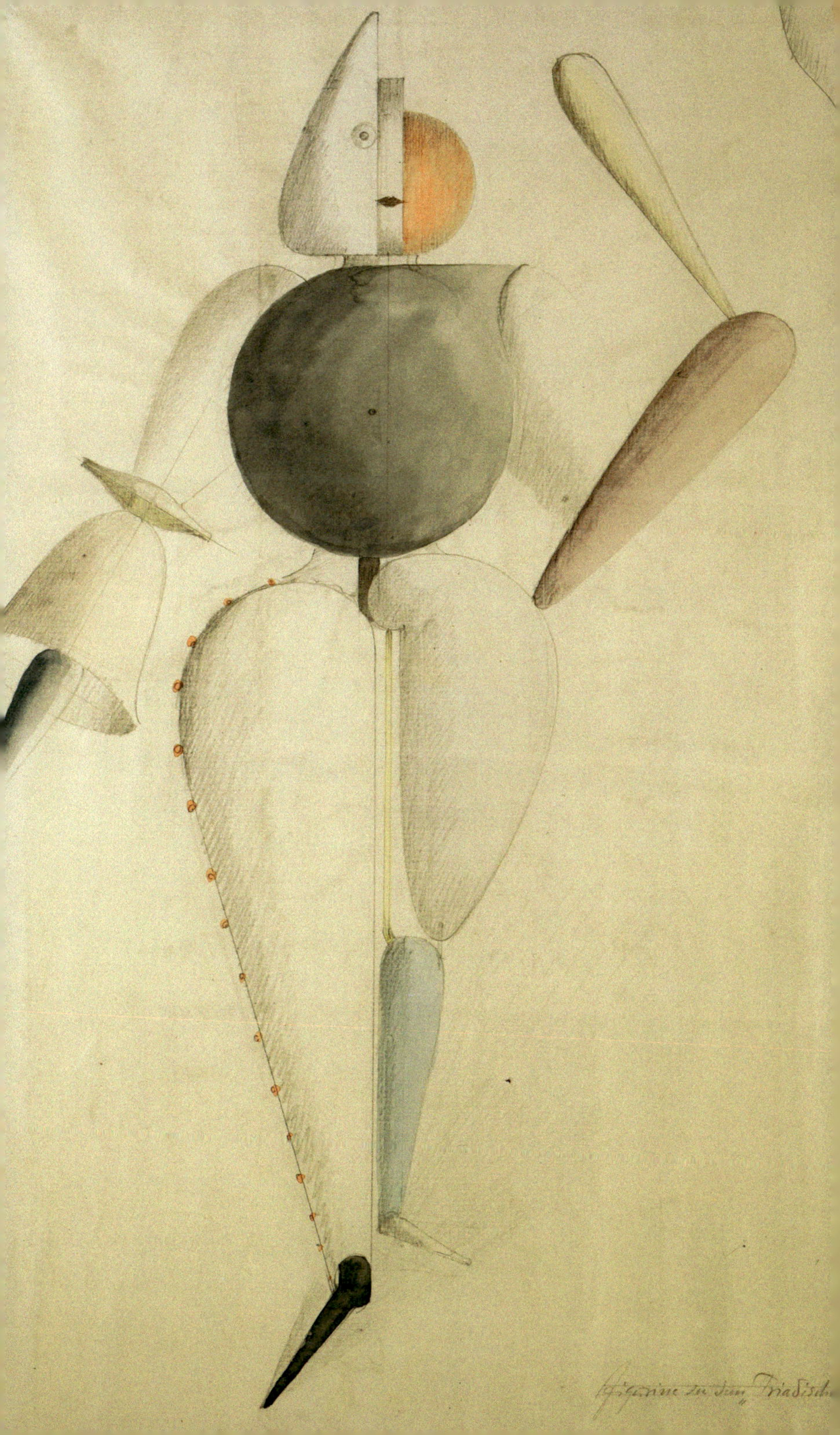
Figurine zu dem Triadisch

ALS DAS WEIMARER BAUHAUS „UNPOLITISCH“ WURDE

DER BAUHAUSSTREIT 1919

Als Gropius für das Bauhaus die Künstler Oskar Schlemmer und Paul Klee im Sommer 1920 einlud *„am Bauhaus mitzutun“* (Schlemmer), hatten sich die Wogen des Bauhausstreites bereits geglättet. Um eine Vorstellung davon zu vermitteln, in welche internen und öffentlichen Debatten das Bauhaus verstrickt war und was in der Schülerschaft vor sich ging, sei hier vom „Bauhausstreit“ erzählt. Er begann im Dezember 1919, zog eine weitreichende Debatte nach sich und füllte dicke Aktenordner in Hochschule und Ministerium.

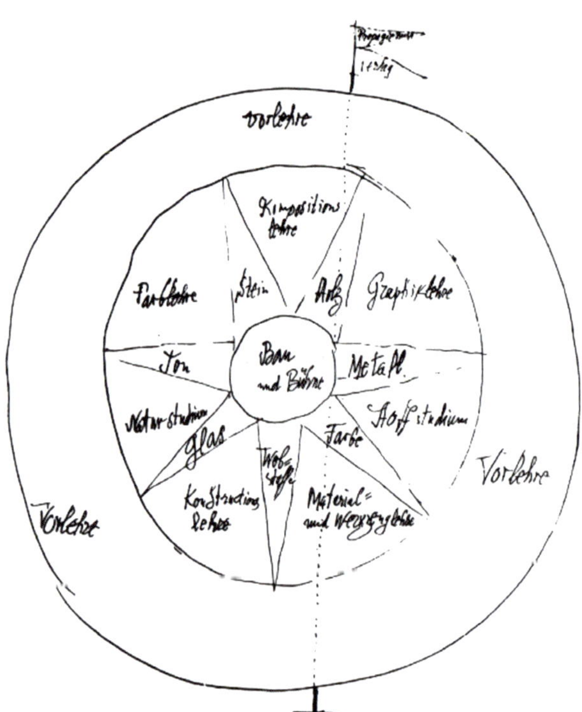

Paul Klee: *Schematische Darstellung der Bauhaus-Lehre* (1922)

DIE VORWÜRFE

Das noch junge Bauhaus, die ersten Schüler hatten erst im Laufe des Jahres hier ihre Ausbildung begonnen, sah sich bereits Ende 1919 ernstzunehmenden Anschuldigungen ausgesetzt. Das Thüringische Staatsministerium, dem das Bauhaus unterstellt war, sah sich gezwungen, eine Untersuchung einzuleiten. Was aber hatte das Ministerium dazu veranlasst? Im Ministerium vergingen von der Eingabe[75] bis zum abschließenden Bericht etwa vier Monate.

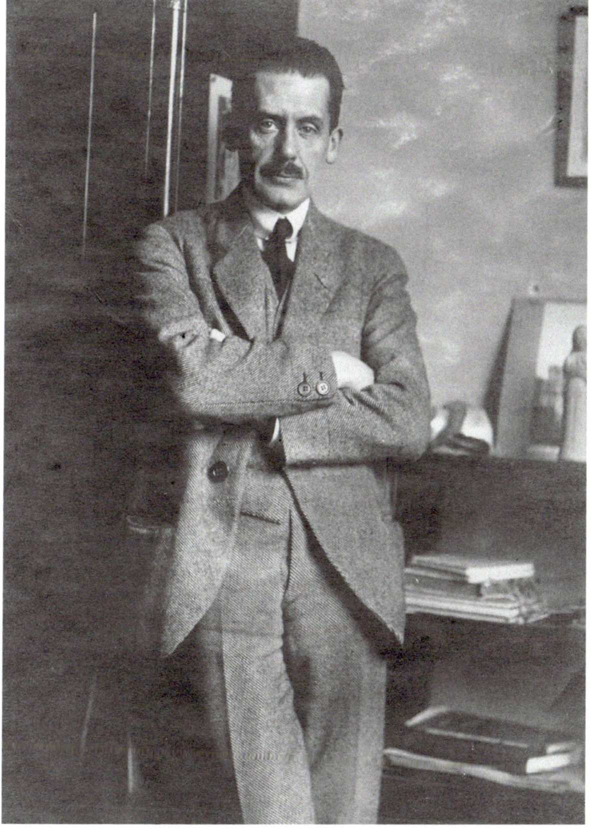

Walter Gropius am Bauhaus Weimar (1921), Fotograf unbekannt, Bauhaus-Archiv Berlin

75 Eingabe von 49 namentlich genannten Weimarer Bürgern, Künstlern und ausgetretenen Schülern gegen das Bauhaus vom 19. Dezember 1919, in: ThHStAW, BH Nr. 7, Bl. 65ff.

Im zwanzigseitigen Bericht heißt es eingangs: „*eine Reihe besonders dem Künstlerstande angehöriger Personen* [hat] *an das Staatsministerium eine das Staatl. Bauhaus in Weimar betreffende Eingabe gerichtet, in welcher schwere Angriffe gegen Direktion und Schülerschaft des genannten Instituts erhoben wurden.*“[76] Die Vorwürfe stellten sich unter anderem folgendermaßen dar: Die Kritiker befürchteten, dass das Bauhaus sich zu einer reinen Ausbildungsstätte „*gehobener*“ Handwerker entwickeln sollte. Die Anschuldigungen an Direktor Walter Gropius und sein neues Bauhaus wogen nicht geringer: Gropius wäre nicht gerecht und objektiv; er „*begünstige fremdstämmige Elemente auf Kosten der Schüler deutschen Stammes*“ und generell wäre das Bauhaus linksgerichteten, „*kommunistisch-spartakistischen*“ Strömungen unterworfen.

DER ANLASS

Den entscheidenden Anlass gab offenbar der Vorfall um einen Bauhausschüler. Diesem wäre durch die Bauhausdirektion das Stipendium entzogen worden, lautete die Beschwerde. Hans Groß (geb. 1892) hatte sich auf einer Versammlung mit einer Rede hervorgetan.

Die Sache trug sich folgendermaßen zu: Die „Freie Vereinigung für städtische Interessen“ hatte am Freitag den 12. Dezember 1919 zu einem Vortrag im „Haus der Erholung“ (heute Kulturzentrum mon ami) in Weimar eingeladen. Es ging um „Die neue Kunst in Weimar“. In seinem Vortrag griff Dr. Kreubel das Staatliche Bauhaus in Weimar heftig an. Während der anschließenden Debatte ergriff der Maler und Bauhausschüler Hans Groß das Wort. Er beteiligte sich nicht nur an der Diskussion, nein, er hatte seine Rede sogar vorbereitet. Er hatte ein Manuskript parat, von

76 Ergebnisse der das Staatliche Bauhaus in Weimar betreffenden Untersuchung. Vom Kultusministerium in Weimar überreicht. (Weimar 1. Mai 1920), ThHStAW, BH W 104.

dem er aber wohl abwich und das Bauhaus in seiner Rede schärfer angriff, als es später in der örtlichen Zeitung zu lesen war, die das Manuskript veröffentlichte.

DIE DEBATTE UM EINE „DEUTSCHE KUNST"

Mit seiner Ansprache offenbart Groß ein Kunstverständnis, das nichts mit der Ausbildung am Bauhaus gemeinsam hatte. Die Debatte um eine „deutsche Kunst" war zudem nicht neu. Wilhelm Bode (1845–1929) und Hugo von Tschudi (1851–1911) vertraten solche Ansichten im Sinne eines gemäßigten Nationalbewusstseins. Carl Vinnen (1863–1922) und Künstlerkollegen verfochten hingegen eine radikalere Haltung, die zum Teil auf großen Ängsten vor internationaler künstlerischer Konkurrenz basierte. Hans Groß war der Ansicht, *„wirkliche Kunst"* bleibe Kunst und sei an keine Zeit oder Epoche gebunden. Die Kunst entstünde aus dem Künstler selbst, gleichsam aus einer *„geheimnisvollen Urform in seinem Innern"*. Mit seinen markigen Worten: *„Nur ein ganzer Kerl soll dahinter* [hinter der Kunst] *stehen, ein Kerl von Stahl und Eisen, und der wird auch jedem gerecht. Nur der ist berufen, zu führen."* Wenn die Kunst im Künstler bereits angelegt wäre, wie Groß meint, dann sagt dies im Grunde aus, dass ein Künstler auch keine Ausbildung benötigt. Zudem stellt er Erziehung und somit auch Ausbildung grundsätzlich in Frage: *„Aber unsere Zeit – die sogenannte Zeit der Freiheit und des Heils – kann sie überhaupt erziehen?"*[77] Gropius fasste die Worte gegen die Führerschaft denn auch als eine Kritik an der Leitung des Bauhauses auf. Dies gab er dem Studenten Groß in einer persönlichen Unterredung am nächsten Abend (Samstag gegen 18 Uhr) zu verstehen, nachdem er sich dessen Vortrag von ihm nochmals hatte vorlesen lassen.[78]

77 Wahl 2009, S. 609.

78 Vgl. Gropius Gesprächsnotiz. In: ThHStAW, BH Nr. 7, Bl. 2.

Gropius gibt das Datum seiner Unterredung[79] mit Hans Groß fälschlich mit dem 12.12.1919 an, schreibt jedoch richtig „*Sonnabend*". Die Schülerversammlung tagte[80] ebenfalls am Sonnabend, den 13.12.1919, aber nach Gropius' Unterredung.

DIE REDE

Nationales Gedankengut kommt in der Rede deutlich zum Ausdruck, wenn Groß von *„Führerkraft, welche wirklich deutsches Wesen und deutsche Eigenart in sich trägt"* spricht und nach einer deutschen Kunst ruft. Auch Aussprüche wie *„Du blindes Volk, die Erkenntnis Deiner Volksseele ist Dir völlig verloren gegangen, das Wort ‚Deutschtum' ist Dir ein Ekel geworden."* Und noch drastischer beschimpft er seine Landsleute: *„Die Wölfe dürsten nach Deinem Blut: Nur noch ein Schritt und Du sinkst hinab in das Verderben."*[81] Hans Groß stand zu seiner Rede, so wie sie die örtliche Zeitung nach seinem Manuskript druckte. Anders lautende Stimmen meinten, die tatsächlich gehaltene Rede wäre noch schärfer und Bauhaus-feindlicher ausgefallen. Hans Groß hätte das Bauhaus politisch in die spartakistisch-bolschewistische Richtung gestellt.

NACH DER VERANSTALTUNG

In der Gaststätte „Kaiser Kaffee" stritten die anderen Schüler nach dem Vortrag mit Hans Groß darüber, was dieser gesagt und gemeint hätte. Der Bauhausschüler Werner Gilles soll Hans Groß zugerufen haben, wenn dieser nicht

79 Gropius wollte den Studenten Eberhard Schrammen dabei haben, der aber nicht auffindbar war.

80 Vgl. den Bericht über die Schülerversammlung (unterzeichnet von den Studenten [Heinrich] Basedow, W[erner] Gilles, Richard Winkelmeyer [Winkelmayer] und Walter Determann), ebd., S. 3ff.

81 ThHStAW, BH Akte W 104, Bl. 46.

den Mut hätte, das Manuskript zu zeigen, so sei er ein *„Lump*". Groß zeigte den Schülern sein Manuskript in der Gaststätte jedoch nicht. Daraufhin tagte, wie bereits zuvor erwähnt, die Schülerversammlung, auf der auch Hans Groß anwesend war. Er hätte sich bereits mit Direktor Gropius ausgesprochen, behauptete dieser gegenüber den anwesenden Bauhausschülern. Einige legten auch ein gutes Wort für Groß ein, sodass es zu keinen weiteren Maßnahmen seitens der Schülerschaft kam. Zwar war Hans Groß tatsächlich zuvor zum Direktor zitiert worden, jedoch war das Treffen mit Gropius nicht so positiv verlaufen, wie Groß es in der Schülerversammlung darstellte. Gropius war sich, nach Kenntnis der Untersuchungskommission, bisher der Loyalität des Bauhausschülers gewiss gewesen. Auch Bauhausmeister Johannes Itten und der Kunstprofessor Max Thedy, der sich aufgrund dieses zum öffentlichen „Bauhausstreit" eskalierenden Themas letztlich sogar vom Bauhausprogramm lossagte, waren mit der Rede von Hans Groß nicht einverstanden. Itten empfand die Rede gegen das Bauhaus *„gemein*" und *„ein derartiges Benehmen gegen die Meister* […], *dürfe im Interesse der Autorität unter keinen Umständen geduldet werden.*"[82] Gropius konnte glaubhaft versichern, dass er in der Unterredung dem Schüler nicht das Stipendium entzogen hätte, was auch nur der gesamte Meisterrat beschließen könne. Er hätte dem Bauhausschüler jedoch jegliche weitere persönliche Unterstützung versagt. Die Kommission glaubte, auch nachdem noch mehrere Architekturstudenten befragt wurden, in jeglicher Hinsicht den Ausführungen von Direktor Gropius. *„Hernach darf man als feststehend ansehen, daß eine Entziehung des Stipendiums durch den Direktor nicht erfolgt ist.*"[83] Kritisiert wird im Bericht jedoch das Verhalten der Bauhausschüler, *„die nach der Versammlung in der Erholung gegen* [Hans Groß] *vorgingen. Die Beschimpfung mit ‚Lump' in einem öffentlichen Lokal und der gehässige Ton*

82 Ebd., Bl. 48.
83 Ebd.

in der Schülerversammlung waren durchaus ungehörig"[84] hieß es. Groß kam allerdings selbst auch nicht gut weg. Es wurde offenbar, dass er es mit der Wahrheit nicht so genau nahm und sich bereits zuvor durch verschiedene Aktionen in der Schülerschaft unbeliebt gemacht hatte. Schließlich trat Hans Groß am 17. Dezember 1919 selbst aus dem Bauhaus aus.[85] Zu diesem Zeitpunkt kam es zu weiteren Austritten aus dem Bauhaus. Fünfzehn handschriftliche Austrittserklärungen seiner Mitschüler an das Staatliche Bauhaus zeugen davon. Alle lauteten so oder ähnlich: „*Die Maßnahmen der Leitung gegen* [Hans Groß] *wegen seiner deutschen Rede zwingen mich fortan, mich nicht mehr als zum Staatlichen Bauhaus gehörig zu betrachten.*"[86] Ihnen antwortete Gropius, dass die Voraussetzungen für ihren Austritt nicht den Tatsachen entsprächen. Nur einer der ausgetretenen Schüler bat im Januar um Wiederaufnahme am Bauhaus.[87]

DAS WEIMARER BAUHAUS WIRD UNPOLITISCH

Alle, der Untersuchung zugrunde liegenden Anschuldigungen konnten entkräftet werden. Keineswegs wurden ausländische Schüler bevorzugt behandelt. Bisher hatte kein einziger ausländischer Schüler ein Stipendium. Lediglich sogenannte „*nichtreichsdeutsche*" Schüler aus Riga und Teplitz und ansonsten nur Schüler, die aus dem deutschen Reich stammten, hatten ein Stipendium erhalten. Das Stipendium konnte nur vom Meisterrat

84 ThHStAW, BH Akte W 104, Bl. 49.

85 Vgl. ThHStAW, BH Nr. 7, Bl. 52.

86 Brief vom 16.12.1919, in: Ebd., Bl. 20. Vgl. auch den Brief vom 16.12.1919 (unterzeichnet von 16 Studierenden aus Weimar, darunter acht Bauhausschüler, die aus dem Bauhaus austraten), ebd., Bl. 13f.

87 Neue Schüler wurden für ein Probejahr am Staatlichen Bauhaus in Weimar aufgenommen, danach wurde erst über die endgültige Aufnahme am Bauhaus entschieden. Für die Bewerbung mussten eigene künstlerische Arbeiten, ein Lebenslauf und zudem ein polizeiliches Führungszeugnis eingereicht werden.

vergeben und ggf. entzogen werden, nicht von Gropius selbst. Es gab 23 Schülerateliers mit 24 Atelierinhabern. Aufgrund der Wohnungsnot war im Oktober 1919 seitens der Bauhausleitung erlaubt worden, die Ateliers auch zum Wohnen zu nutzen. Es gab lediglich Gaslicht, offensichtlich gab es keine Stromversorgung und das Kochen und Wäschewaschen war nicht erlaubt.

> *„Nicht zu leugnen ist, daß manche Schüler und Schülerinnen in Haltung und Kleidung sehr zu wünschen übrig lassen. Dies hat seinen Hauptgrund in der herrschenden Armut. Gerade die Tüchtigsten und Begabtesten sind vielfach auch die ärmsten Leute, die mit 30, 40, 50 Mark monatlich auszukommen haben, sind unter den heutigen Verhältnissen gewiß nicht in der Lage, sich so zu kleiden, wie es an sich wünschenswert wäre. Einem geflissentlichen, die Grenzen des Zulässigen überschreitenden Sichgehenlassen wird, namentlich wenn damit die Absicht einer Nichtachtung der Anschauungen der Bürgerschaft verbunden wird, von der Direktion energisch entgegengewirkt. Wenn dieser Ton und Gebaren nicht seither zu Tadel Anlaß gegeben haben, so muß dies sicherlich auch zum nicht geringen Teil auf den Krieg und die durch ihn, sowie durch die Revolution geschaffenen veränderten Verhältnisse zurückgeführt werden.“*[88]

Mit dem Ausdruck *„fremdstämmige Elemente“* waren insbesondere Juden gemeint. Im Bericht findet sich ein Eintrag dazu, wie viele Juden am Bauhaus aufgenommen waren. Zumindest wird der Frage nachgegangen, ob die *„17 Juden, alle übrigen Schüler sind arischen Stammes, 200 andere Schüler zu tyrannisieren vermochten“*[89], wenngleich dies letztlich verneint wird.

Politische Betätigung habe die Direktion von jeher streng untersagt. Ein kleiner Teil der Schülerschaft sei politisch aktiv, aber die Direktion wirke dem entgegen.

88 ThHStAW, BH Akte W 104, Bl. 53.
89 Ebd., Bl. 51.

„Daß junge Leute in diesem Alter an Politik Interesse nehmen und sich auch eine politische Überzeugung bilden, ist im übrigen [sic!] *wohl erklärlich. Es würde, noch dazu in jetzigen Zeiten, befremden, wenn es nicht so wäre. Entgleisungen sind in aufgeregter Zeit und bei dem Temperament der Jugend zuweilen nicht zu vermeiden, sie dürfen aber nicht der Direktion zur Last gelegt werden, die ihrerseits alles tut, um Politik vom Bauhaus fernzuhalten.*"[90]

Gropius duldete auch im Falle von Hans Groß keine politischen Äußerungen, er wandte sich gegen dessen *„politische Agitation*", die er als Direktor nicht dulden dürfe.[91]

Explizit werden einzelne andere Fälle, ein Schüler mit Nachnamen Bampi (geb. 1896), der sich als Spartakist betätigt und das Bauhaus bereits aber wieder verlassen hatte und Peter Röhl, der Zeichnungen für die Zeitschrift *Der Prolet* angefertigt hatte. Peter Röhl wird aber als guter Schüler charakterisiert, der die Veröffentlichungen auf Anraten von Gropius unterlassen habe, nachdem klar wurde, welche politische Richtung die Zeitschrift einschlage.

Neben den vermeintlichen politischen Betätigungen trug man der Kommission auch Beschwerden über Ruhestörungen zu: *„Es ist ferner darüber geklagt worden, daß die Nachbarschaft des Bauhauses, besonders, seitdem die Kantine* [im ehemaligen Brendel'schen Atelier] *eingerichtet ist, häufig in den Nachtstunden durch Lärm belästigt worden sei. Selbst angenommen, daß alle Ruhestörungen in jener Gegend ohne weiteres auf das Konto von Bauhausinsassen zu setzen sind, so liegt es in der Lebhaftigkeit und Lustigkeit der Jugend begründet, daß es zuweilen etwas laut hergeht. Die Kantine, deren Einrichtung für viele zum Segen geworden ist, ist für zahlreiche arme Schüler der einzige Aufenthaltsraum, und die wird gern benutzt, obwohl sie, außer mittags, nicht geheizt wird.*" Zudem fanden

90 ThHStAW, BH Akte W 104, Bl. 51f.

91 Gropius' Antwortschreiben an Hans Groß vom 17.12.1919, in: ThHStAW, BH Nr. 7, Bl. 54.

in der Kantine Veranstaltungen statt, neben Lesungen waren dies Vorträge, Konzerte: *„Ab und zu wird abends darin vorgelesen."*[92]

DIE DEBATTE UM OSKAR SCHLEMMER 1923

Oskar Schlemmer gerät dann einige Jahre später selbst in eine politische Debatte um seine Person, als er zur Bauhausausstellung 1923 ein Manifest verfasst. Es ist hier im Buch vollständig nachzulesen (vgl. S. 133). Einige Exemplare der vierseitigen Broschüre für die Ausstellung, die Schlemmers Manifest enthalten, gelangen in den Umlauf. Schlemmer zieht den Textteil aus dem Werbeblatt nach der Drucklegung zurück, da er missverstanden wird. Seine Worte *„Die Kathedrale des Sozialismus"* sind zu heftig, sie stellen das frühe Bauhaus politisch stark in die linke Ecke. Er charakterisiert es als einen Ort, an dem sich junge Linke sammelten: *„Das Staatliche Bauhaus* [...] *wird zunächst zum Sammelpunkt derer, die zukunftsgläubig himmelstürmend die Kathedrale des Sozialismus bauen wollen."*[93] Dabei wollte Schlemmer lediglich die Anfänge des Bauhauses charakterisieren und relativiert später, dass es sowohl linke als auch rechte Meinungen unter den Bauhausschülern gab. Schlemmer hatte ein gutes Gespür für die Strömungen am Bauhaus. Am Bauhausstreit wird deutlich, dass die eher rechten und national-konservativen Studenten, der Kreis um Hans Groß, das Bauhaus bereits 1919 wieder verließen. Extrem linkspolitische Strömungen hatten unter Gropius zwar auch keine Zukunft am Bauhaus, aber dennoch herrschte eine aufgeschlossene, linksgerichtete Studentenschaft vor. Auch für Schlemmer war der Sozialismus an sich nichts Verwerfliches: *„War die Revolution und nachfolgende*

92 ThHStAW, BH Akte W 104, Bl. 54.
93 Abgedruckt in Wahl 2009, S. 297ff. und Wingler 1962, S. 79f.

Verfassung nicht das Bekenntnis zum Volksstaat? Und was ist und heißt Volksstaat denn anderes als Sozialismus? Ferner: Heißt Sozialismus etwa sozialdemokratische und kommunistische Partei? Ist Sozialismus nicht ein Begriff, eine Ethik, die über den Parteien steht?"[94] Kunsttheoretisch geht Schlemmers Manifest ganz klar in die neue Richtung des Bauhauses: „*Kunst und Technik. Eine neue Einheit*", wie Gropius sie propagiert. Damit formuliert Gropius für das Bauhaus ein völlig neues Konzept, mit dem er die Industrie und die maschinelle Produktion als treibende Kräfte der Moderne anerkennt. Dies verändert sowohl den Entwurfsprozess als auch die Entwicklungen von Architektur und Gestaltung am Bauhaus.

94 (Tagebuch, 9. April 1927) zit. n. Beilfuß 2014, S. 100f.

DER BRUDER

CARL SCHLEMMER

Carl Schlemmer, genannt „*Casca*“, der fünf Jahre ältere Bruder von Oskar Schlemmer, übernahm ab dem 1. Mai 1921 als Leiter die Lehrwerkstatt für Wandmalerei. Für seine Tätigkeit als Werkmeister am Bauhaus erhielt er 1000 Mark Gehalt pro Monat. Aufgrund der Inflation wurden die monatlichen Bezüge der festangestellten Lehrkräfte und Werkstattleiter 1922 auf 29.200 Mark angehoben. Unter der Bedingung, dass Carl Schlemmer im Herbst die Meisterprüfung vor der Handwerkskammer ablegen würde, erhielt er ab sofort die Erlaubnis, Lehrlinge in der Wandmalerei ausbilden zu dürfen. Bis hierher war sein Werdegang der Folgende: Nach Besuch der Realschule, dreijähriger Lehre in einem Malergeschäft und anschließendem Besuch der „Kunstgewerkenschule“ in Stuttgart, legte Carl Schlemmer 1902 seine Gesellenprüfung ab. Er arbeitete in der Vorkriegszeit in Frankfurt am Main und in Berlin als Malergehilfe und Vorarbeiter. Neben der praktischen Arbeit war er auch für Buchführung und Kalkulation zuständig. Von August 1914 bis Dezember 1918 war er Soldat. Nach dem Ersten Weltkrieg half er seinem Bruder Oskar bei dessen gestalterischen Arbeiten, was ein vielseitiges Kunstwissen erforderte.

LEITER DER LEHRWERKSTATT FÜR WANDMALEREI

Durch den Bruder Oskar ergab sich auch die Möglichkeit für Carl, 1921 mit an das Staatliche Bauhaus nach Weimar zu gehen. Als er sich dort bewarb, schrieb er, dass er mit allen in der Malerei vorkommenden Techniken gut vertraut und materialkundig sei.[95] In Weimar bezog er dann ganz in der Nähe der Hochschule, in der Kunstschulstraße 3 (heute Geschwister-Scholl-Str.) ein Hinterhaus. Carl Schlemmer schied bereits 1922 unrühmlich aus dem Dienst des Bauhauses aus und arbeitete fortan als selbständiger Maler. Bei den Streitigkeiten Ende 1922 ging es um Materialien und Werkzeuge und darum, ob diese Dinge Carl Schlemmer oder dem Bauhaus gehörten. Eine Liste vermutlich der Kriminalpolizei vom 14. Dez. 1922 führt diverse Arbeitsmaterialien unter der Überschrift „*Bei Carl Schlemmer beschlagnahmt*" auf, darunter: „*ein Pinsel, ein Spachtel, ein Kilo schwarzer, halbmatter Lack, vier Kilo Trockenkasein, sowie ebensoviel Deckweiß und etwa drei Fachbücher*"[96]. Alle 18 aufgelisteten Gegenstände sind mit einem Geldbetrag gekennzeichnet, wobei ein Pinsel mit 4.000 Mark beziffert wurde und das Handbuch der Lackiertechniken mit 300 Mark. Insgesamt kam die Liste auf einen Wert von 44.698 Mark. Nur die 160 Bogen Glaspapier seien aus Carl Schlemmers eigenem Besitz. Bei allen anderen Posten auf der Liste ist daneben verzeichnet: „[Carl Schlemmer] *gibt zu, daß es aus Beständen des Bauhauses entnommen ist.*"[97] Die Anschuldigungen gegen Carl Schlemmer führen zu einem Strafverfahren wegen Unterschlagung und Untreue. Carl Schlemmer vertrat jedoch die Auffassung, dass er selbst diese und weitere Materialien dem Bauhaus zur Verfügung gestellt hatte. Seine dementsprechende Liste mit Werkzeugen, war um einiges länger und wies einen Gesamtbetrag von ca. 150.000 Papiermark aus. Carl Schlemmer war im Prozess freigesprochen worden. Aber die Sache war 1924 immer noch nicht aus der Welt. Als Carl Schlemmer seine angeblichen Auslagen einforderte, entsprach seine Forderung einem Goldmarkbetrag von 84,90 Mark. Die von der Kriminalpolizei beschlagnahmten Gegenstände vom

Bauhaus-Meister und -Schüler (1921/23), Fotograf unbekannt; Oskar Schlemmer (links 2. v. o.), unter ihm Tut Schlemmer; Mitte v. o.: Felix Klee, Gunta Stölzl, Werner Gilles, Carl Schlemmer (ganz unten liegend); rechts v. o.: Josef Hartwig, Willi Baumeister

95 ThHStAW, BH 07. Personal, Akte 114, Bl. 172f.
96 Ebd.
97 Ebd., Bl. 198.

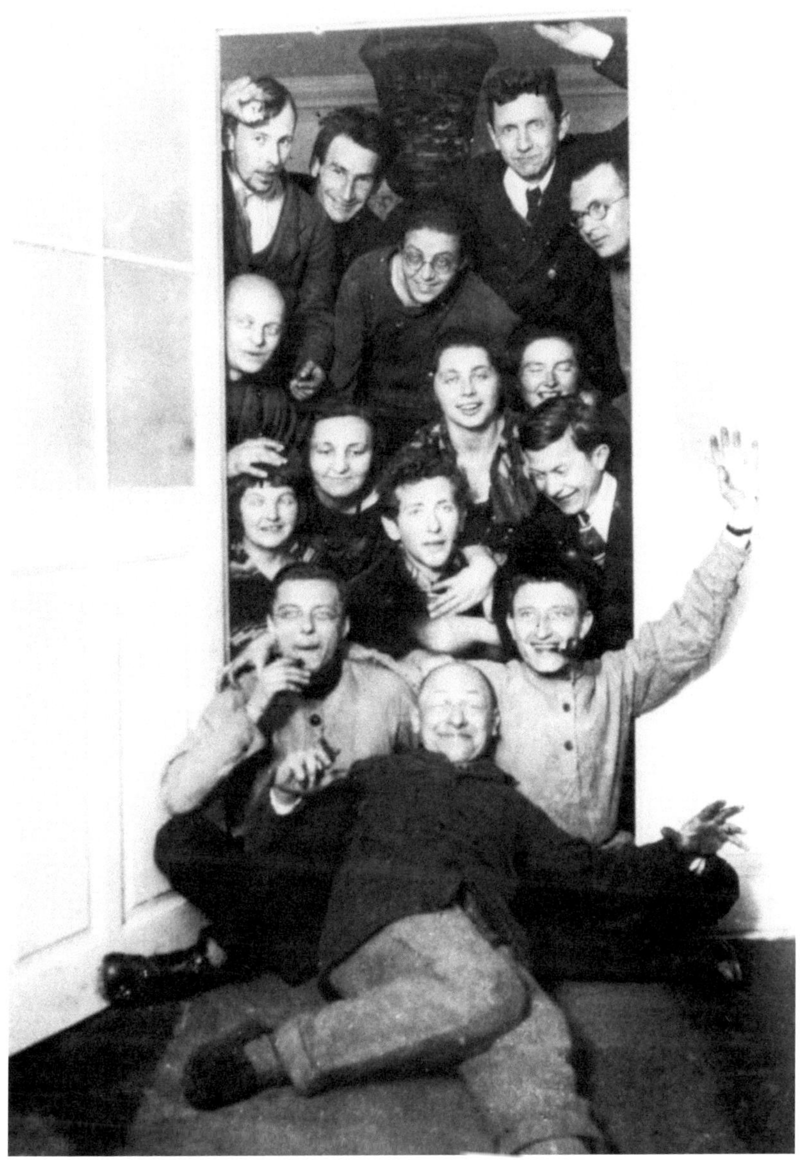

Dezember 1922, die damals mit einem Wert in Papiermark von 44.698 berechnet worden waren, entsprachen nun umgerechnet einem Betrag von 24,50 Goldmark.

Für die vollständige Wiederbeschaffung seiner Arbeitsmittel forderte Carl Schlemmer einen Betrag von ca. 265 Goldmark. Er erklärte sich jedoch auch damit einverstanden, wenn das Bauhaus ihm einige seiner Dinge zurückgeben würde, da er alles sonst erneut kaufen müsste. Obwohl das Bauhaus zur Entschädigung von Carl Schlemmers Ansprüchen bereit war, erschien dem Syndikus des Bauhauses Dr. Necker dieser Geldbetrag für die Neuanschaffung zu hoch. Auf welche Summe man sich letztlich einigte, geht aus den Akten nicht hervor. Carl Schlemmers Zeit am Bauhaus endete auf diese Weise recht traurig. Oskar Schlemmer bemühte sich 1923 nochmals darum, dass sein Bruder an den Vorbereitungen zur Bauhauswoche handwerklich mitwirken könne. Er bat die Ausstellungskommission des Bauhauses um Erlaubnis. Die beteiligten Bauhausmeister, namentlich László Moholy-Nagy (1895–1946), Josef Hartwig (1880–1955) und Marcel Breuer (1902–81) waren nur dagegen, sofern Carl Schlemmer am Bauhaus arbeitete. Aber außerhalb der Institution Bauhaus wäre es der Kommission jedoch gleichgültig, durch wen und wo die Kostüme repariert würden.[98]

HETZSCHRIFT GEGEN DAS BAUHAUS

Im darauffolgenden Jahr kam es zu einem weiteren Eklat. Mit Erscheinen einer Hetzschrift gegen das Bauhaus *Das staatliche Bauhaus und sein Leiter* (1924), der sogenannten „Gelben Broschüre", suchte sich das lokale Handwerk, darunter auch Carl Schlemmer, gegen die lästige Konkurrenz des Bauhauses und seine staatlich subventionierte Produktion zur Wehr zu setzen. Arno Müller war der Obermeister der Weimarer Schlosserinnung und gab seinen Namen für die Schrift *Das staatliche Bauhaus und*

98 Vgl. ThHStAW, BH Nr. 42, Bl. 19.

sein Leiter her. Tatsächlich jedoch stammte die Schrift von Hans Beyer, der bereits 1922 aufgrund seines in Amerika gekauften, falschen Doktortitels seine Anstellung als Syndikus am Bauhaus verloren hatte.[99]

Die Attacken waren nach Meinung der Designwissenschaftlerin Anja Baumhoff nicht zuletzt ein Resultat der undemokratischen Struktur der Einrichtung selbst. Baumhoff vermutet, dass die Spannungen hätten verringert werden können, wenn das Bauhaus sein Ausbildungsziel, die Qualifizierung der Studierenden zu „Designern" (nicht zu konventionellen Handwerkern), klar vertreten hätte.[100] Dieses Versäumnis ist allerdings auch dadurch bedingt, dass der Begriff „Design" sich in Westdeutschland durch den Einfluss des amerikanischen Streamline Design erst nach 1945 etabliert hat. In der DDR hielt sich der Begriff Formgestaltung länger.

Walter Gropius, Oskar Schlemmer und andere hatten die neue Rolle von Technik und maschineller Produktion – *„Kunst und Technik. Eine neue Einheit"* (Gropius) – bereits in Weimar erkannt. Insofern boten die Großbetriebe in der Industriestadt Dessau, wie die Junkers Flugzeug- und Motorenwerke, die Berlin-Anhaltische Maschinenbau AG (BAMAG) und die Waggonfabrik AG sowie die umliegenden chemischen Werke dem umgesiedelten Bauhaus womöglich einen Anreiz, für eine konkrete Zusammenarbeit waren diese Industriebetriebe aber letztlich nicht geeignet.

99 Vgl. Wahl 2009, S. 47.

100 Anja Baumhoff: The Gendered World of the Bauhaus. The Politics of Power at the Weimar Republic's Premier Art Institute 1919–1932, Frankfurt am Main 2001, S. 46.

BAUHAUS-AUSSTELLUNG 1923

OSKAR SCHLEMMER ALS ORGANISATOR

Oskar Schlemmer war anfänglich für die Planung und Organisation der großen Schau im Sommer 1923 zuständig. Insofern stellte er grundlegende Überlegungen zum Bauhaus an und schrieb im November 1922 ein Konzept für die geplante Bauhaus-Ausstellung. Schlemmer sah drei zentrale Bereiche und ein Ganzes: „*Das Bauhaus, dessen höchste Aufgabe es ist, die Zusammenfassung der bildnerischen Kräfte der jungen Kunst zu vollbringen, wird sich dokumentieren müssen als Schule, als Werkstatt und als Stätte für freie Kunst. Als Ganzes und auf jedem dieser Gebiete hat es eine Mission in der Welt.*" Seine Notizen, die im Thüringer Hauptstaatsarchiv lagern, sind hier im Buch vollständig nachzulesen (siehe Seite 128 bis 136). Wenn auch nicht alle Ausstellungsideen, die Oskar Schlemmer bereits im Herbst 1922 notierte, im Detail realisiert wurden, so sind an seinen Texten jedoch die wichtigsten Ausstellungsaspekte abzulesen. Schlemmer waren die Vorüberlegungen von Walter Gropius selbstverständlich bekannt, die dieser in einem offiziellen Rundschreiben an die Form- und Werkmeister am 4. Oktober 1922 in Umlauf gebracht hatte. Wobei Gropius auch ausdrücklich darauf Wert legte, dass das Bauhaus durch die Ausstellung nicht nur ideelle, sondern auch wirtschaftliche Unterstützung bekäme. Einen wirtschaftlichen Erfolg, der sich letztlich aber nicht einstellte, sollten gemäß Gropius der Verkauf von Erzeugnissen sowie das Einwerben neuer Aufträge im Sommer 1923 bringen. Walter Gropius war begeistert von der Idee des damaligen Direktors der Staatlichen Kunstsammlungen, Wilhelm Köhler, vorbildlich gestaltete Alltagsgegenstände im Schlossmuseum zu zeigen und das Bauhaus in die pädagogische Arbeit des Museums einzubinden. Gropius wünschte sich eine ständige Bauhaus-Ausstellung im Schlossmuseum.

Anders als Gropius lehnte Schlemmer eine Ausstellung von Vorkursarbeiten, Einzelstücken aus den Werkstätten sowie von Gemeinschaftsprodukten aus den Werkstätten als Grundstock einer ständigen Bauhausausstellung im Stadtschloss ab. Für Schlemmer war es wesentlich wichtiger, das Zusammenwirken aller Werkstätten des Bauhauses mit der Errichtung und Einrichtung des *Hauses Am Horn* zu demonstrieren. Gropius hatte in seinen Überlegungen noch formuliert, dass er darauf hoffe, „*wenigstens ein Haus auf der Siedlung fertig zu stellen und auszustatten, sodass es den Ausstellungsbesuchern zugänglich gemacht werden kann.*"[101] Die Werkstätten hatten ein gemeinsames Projekt: Mit dem Bau und der Ausstattung des Einfamilienhauses fügten sich die einzelnen Arbeiten zu einem sinnvollen Ganzen zusammen. Keinesfalls wollte Schlemmer „*nach Art der Kunstgewerbeschulen ein Warenlager von unzusammenhängenden nützen oder unnützen Gegenständen ausstellen*".[102]

Schlemmer betonte ferner jedoch auch die repräsentative Seite der Kunst. Der Eingangsbereich des Hauptgebäudes war für künstlerische Arbeiten vorgesehen, die aber später nach Vorgabe des Thüringischen Ministeriums wieder entfernt werden mussten. Oskar Schlemmer:

> „*Wenn wir ferner dem Grundsatz des Gesamtkunstwerkes von Architektur, Malerei und Plastik treu bleiben und hierin eine Leistung aufweisen wollen, bedürfen wir einer Gelegenheit, die repräsentative Seite der Kunst zu zeigen. Das Vestibül des Kunstschulgebäudes schreit förmlich nach einer Lösung und Ausgestaltung. Hier wäre eine Zusammenwirkung von Bildhauerei und Wandmalerei grösseren Stils möglich. Auch hier hat das Bauhaus eine Mission, wenn wir nicht wieder resigniert in die Bildermalerei zurücksinken wollen, sondern vielmehr die Malerei und Plastik*

101 Walter Gropius, in: ThHStAW, BH Nr. 35, Bl. 25ff. (Typoskript).
102 Oskar Schlemmer (1. Nov. 1922) in: ThHStAW, BH Nr. 30, Bl. 8ff.

zu den Funktionen erheben, die sie zu grossen Zeiten hatte. Teil der Architektur als Raum- und Wandgestaltung."[103]

DIE AUSSTELLUNG DER FREIEN KUNST

Das Bauhaus *„als Stätte freier Kunst"* zu zeigen, unterstrich Oskar Schlemmer mit dem Projekt einer Ausstellung international bekannter zeitgenössischer Künstler der Moderne. Ebenso wie die Bauhauswoche ging die Idee einer internationalen Kunstausstellung im Landesmuseum[104] (im heutigen Neuen Museum) auf Gropius zurück, der schrieb: *„Im ersten Stock des Museums sollen in sämtlichen Räumen freie Arbeiten der Meister, Gesellen und Lehrlinge (Bilder, Zeichnungen, Plastiken usw.) ausgestellt werden und für diese Ausstellung hervorragende Künstler des In- und Auslandes mit eingeladen werden."*[105] Für die Kunstausstellung – *„die wesentlichsten Bilder moderner Kunst"*[106] – legte auch Schlemmer Wert auf repräsentative, museale Ausstellungsräume.

Im Dezember 1922 liefen die Vorbereitungen an. Oskar Schlemmer schrieb:

> *„Vorbereitendes zur Ausstellung des Bauhauses. Die Schüler wählten die Ausstellungskommission, der Muche, ich, ein Handwerksmeister, ein Geselle und ein Lehrling angehören: eine Art Aktionsausschuß mit fast diktatorischen Rechten und Pflichten. Die Bauhausausstellung, die über sein Schicksal entscheiden wird, ist so in Frage gestellt durch Angriffe von*

103 Oskar Schlemmer „Ausstellung des Staatlichen Bauhauses Sommer 1923" vom 1. Nov. 1922, in: ThHStAW, BH Nr. 30, Bl. 8ff. (3 Blätter, Typoskript, Datierung unten links auf dem letzten Blatt) mit gedrucktem Informationsblatt (Bl. 12f.). Die Notizen finden sich auch in einer weiteren Abschrift in ThHStAW, BH Nr. 35, Bl. 36–38.

104 Im Schlossmuseum war eine ständige Ausstellung mit handwerklichen Erzeugnissen des Bauhauses geplant. Im Landesmuseum hingegen eine temporäre Schau zeitgenössischer Kunst während der Bauhauswoche.

105 Walter Gropius, in: ThHStAW, BH Nr. 35, Bl. 25ff. (Typoskript).

106 Oskar Schlemmer (1. Nov. 1922), in: ThHStAW, BH Nr. 30, Bl. 8ff.

rechts und links, Geldnot, Zeitgeist, daß es auch auf ein Durchhalten ankommt und Sieg oder Zerstörung. An den ‚Wänden' oder gar auf ihnen ist noch nichts weiter geschehen. Ich will die Ferien benutzen, Entwürfe zu machen. Die Schüler tun desgleichen. Es wird eine figürliche (romantische) Gestaltung einer rein linear-konstruktiven, die bei den Schülern Schule machte, gegenüberstehen."[107]

Eine schleppende Organisation und Uneinigkeit über die Ausstellungsinhalte führt unter anderem letztlich zu einem großen Eklat mit Gropius. Daraufhin verließ der Bauhausler Paul Citroen die Ausstellungskommission und wenig später auch Oskar Schlemmer. In seiner Austrittserklärung[108] macht Schlemmer deutlich, dass er die Arbeit der Kommission als erfüllt ansieht. Damit sei die Kommission überflüssig geworden. Daher trete er unwiderruflich als ihr Mitglied zurück. An die Stelle der Ausstellungskommission müsse seiner Ansicht nach zum einen verstärkt der Direktor Gropius treten sowie ein Ausstellungsfachmann, der das Ganze organisiere und leite. Dieser Kurator der Ausstellung müsse allerdings noch gefunden werden.

Die geplante Kunstschau internationaler, moderner Meisterwerke kam letztlich nicht zustande. Gezeigt wurde stattdessen die Ausstellung „*Freie Arbeiten der Meister, Gesellen und Lehrlinge des Staatlichen Bauhauses*" vom 15. August bis 30. September 1923. Zeitgleich zu der *Internationalen Architekturausstellung* wurden die Ausstellungen des Bauhauses im Landesmuseum, heute Neues Museum und Haupt- und Werkstattgebäude der Hochschule, sowie im Versuchshaus *Haus Am Horn* gezeigt. Die Erzeugnisse aus den Bauhaus Werkstätten wurden im Hauptgebäude auch zum Verkauf angeboten. Gropius hatte sich, wie bereits erwähnt, finanzielle

107 (19. Dez. 1922) zit. n. Beilfuß 2014, S. 56f.
108 Oskar Schlemmer, ThHStAW, BH Nr. 35, Bl. 116 (Manuskript, Weimar 19. Mai 1923).

Einkünfte erhofft, die jedoch nicht wie erwartet zustande kamen.[109] Nach einigem Hin und Her mit Museumsdirektor Wilhelm Köhler bot das damalige Landesmuseum den gewünschten musealen Rahmen für die Kunstausstellung. Anders als geplant, gab der Museumsdirektor jedoch lediglich die Räume des Erdgeschosses für die Ausstellung frei.[110]

SCHLEMMERS WERKE IM LANDESMUSEUM

Groteske I (1923), Nussbaumholz, Elfenbein und Metall, montiert, Staatliche Museen zu Berlin, Nationalgalerie

Anfänglich war Schlemmer der Ansicht, dass seine eigenen Gemälde eine besondere Hängung erforderten und glaubte, diese im Museum nicht realisieren zu können. Er wollte sogar auf eine der Werkstätten oder Atelierräume ausweichen.[111] Oskar Schlemmers Gemälde und Skulpturen bildeten dann jedoch gemeinsam mit Arbeiten von Gerhard Marcks den Beginn des Rundgangs im Foyer des Landesmuseums. Schlemmer benötigte für seine Arbeiten zwanzig laufende Meter Wandfläche für Bilder, zehn Meter für Plastik und zehn Meter für grafische Arbeiten.[112] Die Weimarer Kunsthistorikerin Gerda Wendermann unternahm 2009 den Versuch einer detaillierten Rekonstruktion des Ausstellungsrundgangs.[113] Schlemmer war demnach vermutlich mit den Plastiken *Abstrakte Figur* (1921/23), die im Katalog zur Bauhaus-Ausstellung noch unter dem schlichten Eintrag *Freiplastik G* verzeichnet ist, und *Groteske* (1923), die es in zweifacher Ausführung gibt, vertreten. Die Gemälde *Tänzerin* (Abb. S. 45) und *Tänzer* (Abb. S. 13), wobei das letztere auch

109 Vgl. den ausführlichen Bericht im Kap. „Bauhaus-Woche" von Anne Feuchter-Schawelka, in: Gerhard Marcks. Formmeister der Keramik, Wiesbaden 2016.

110 Vgl. Gerda Wendermann, in: Seemann u. Valk 2009, S. 224–258, hier S. 230f.

111 Oskar Schlemmer, ThHStAW, BH Nr. 35, Bl. 84 (Manuskript, Weimar 18. April 1923).

112 Ebd.

113 Gerda Wendermann, in: Seemann u. Valk 2009, S. 224–258.

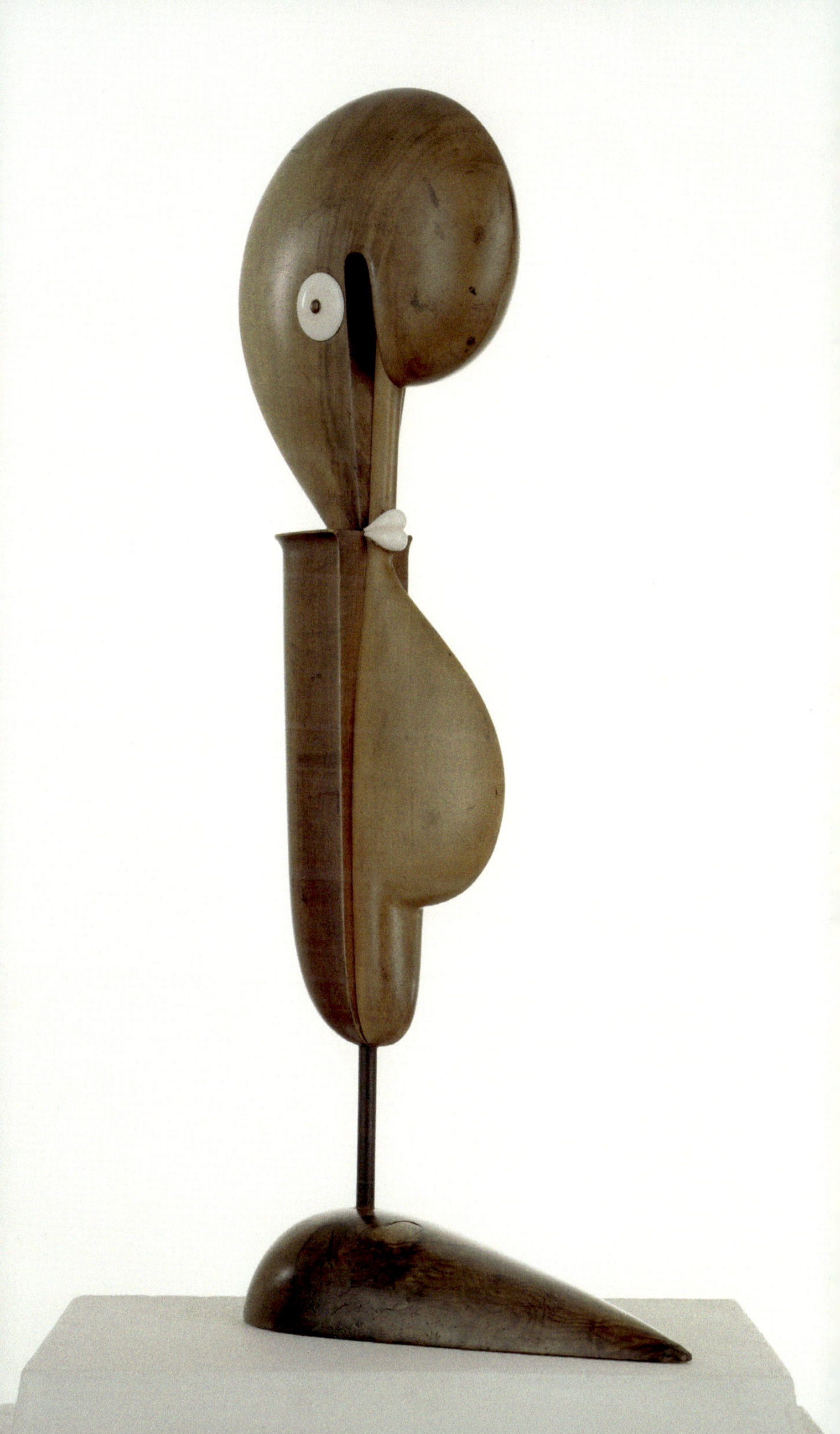

als Selbstportrait Schlemmers gesehen werden kann, sowie seine Bilder *Tischgesellschaft* und *Paracelsus* und ein später als *Mythische Figur* bezeichnetes Bild waren wohl die gezeigten Werke, alles aktuelle Arbeiten aus den Jahren 1922/23, die Schlemmer auswählte. Welche grafischen Arbeiten Schlemmer zudem ausstellte, ist nicht gänzlich zu ergründen. Wendermann vermutet, dass die damals ebenfalls soeben neu erschienene Mappe *Spiel mit Köpfen*, bestehend aus sechs Farblithografien in Spritztechnik, vertreten war. Folgt man den Ausführungen des Kunsthistorikers Bruno Adler, so waren in der Ausstellung auch frühere Bilder von Schlemmer zu sehen. In seiner Kritik besprach er Schlemmers Arbeiten und verglich hier *„frühere Bilder, die man hier wiedersieht“* mit *„neuesten Arbeiten“*. Adler, der damals unter anderem als Verleger in Weimar tätig war und das Buch *Utopia* herausgab, war voll des Lobes für Schlemmers Arbeiten und attestierte seinen früheren Bildern eine zeitlose Ästhetik und den neuesten Arbeiten eine überzeugende Umsetzung der räumlichen Wirkung der Figur im Bildraum:

> *„Mit einer Reihe neuer Arbeiten überrascht Oskar Schlemmer. […] Seine frühen Bilder, die man hier wiedersieht, Bilder aus einer Zeit, welche sich von der jetzt schlagwörtlichen Bildmathematik noch nichts träumen ließ, muten heute in ihrer Art klassisch an. Und wenn manche Richtung schon längst abgewirtschaftet haben wird, werden sie noch gültige Beispiele für klare, künstlerisch logische, objektive Bildgestaltungen sein, organisch stabil, durch Kontraste und Spannungen in sich selber abgewogen und ausgeglichen. […] Schlemmers neue Arbeiten gelten den Problemen des Räumlichen und sie gelangen mit den Mitteln des Malers, zu denen z. B. auch die Linearperspektive immer gehören wird, zur überzeugenden Realisierung in der Raumeinheit des Bildes.“*[114]

114 Bruno Adler: „Die Bauhaus-Ausstellung. III. Das Museum“, in: Das Volk, Nr. 212, S. 11. Sept. 1923, zit. n. Gerda Wendermann (Anm. 7), hier S. 242.

DAS ERGEBNIS DER BAUHAUSWOCHE

Meist beachtet war auf der Bauhaus-Woche das Versuchshaus *Haus Am Horn*. Es sollte das einzige Bauhaus-Gebäude in Weimar bleiben. Großen Erfolg in der Außenwahrnehmung hatten auch die Töpferei und die Weberei. Das lag vor allem daran, dass in diesen beiden Werkstätten am jungen Bauhaus bereits fertige Erzeugnisse für Abnehmer produziert werden konnten. Die Weberei bestand schon, als Gropius das Bauhaus gründete und wurde vom Bauhaus übernommen. Anfangs wurde die Werkstatt für Weberei von der Werkkunstlehrerin Helene Börner zwar geführt, stand aber unter der künstlerischen Leitung von Johannes Itten und später von Georg Muche. Helene Börner war bereits an der Kunstgewerbeschule Henry van de Veldes als Werklehrerin für, wie es damals hieß, *„kunsthandwerkliche Frauenarbeit"* tätig gewesen. Webstühle waren also vorhanden, sodass die Weberei von Beginn an betriebsbereit war und sofort externe Aufträge hätte übernehmen können, was letztlich aber erst ab 1923 der Fall war. Dies mag Walter Gropius bei der Planung der neuen Schule unter anderem auch dazu veranlasst haben, die Weberei als finanzielle Einnahmequelle zu verbuchen. Auch die Töpferei-Werkstatt des Bauhauses im dreißig Kilometer entfernten Dornburg war schon früh produktiv. Hier bestand die Töpferei der Brüder Krehan seit vier Generationen. Die Keramische Werkstatt des Bauhauses entstand unter der Eigeninitiative von Bauhausschülern mit tatkräftiger Unterstützung des ortsansässigen Töpfermeisters Max Krehan im Marstall der Dornburger Schlösser und dann künstlerisch begleitet von Gerhard Marcks. Ende September 1920 bezogen die Lehrlinge die Unterkünfte unterm Dach des Marstalles. Die Keramische Werkstatt im Marstall nahm im Oktober 1920 offiziell ihren Betrieb auf. Die kleine Bauhaus-Gemeinschaft musste sich selbst versorgen, dazu war jedem ansässigen Studierenden von der Dornburger Gemeinde ein halber Morgen Land zur Bewirtschaftung überlassen worden, wie Anne Feuchter-Schawelka in ihrer Biografie über den Formmeister Gerhard Marcks zu berichten weiß. Das Selbstverständnis des Bauhauses war im Wandel begriffen. Eine Kunstgewerbeschule sollte das Bauhaus nicht sein. *„Kunst und Technik. Eine neue Einheit"*, das proklamierten Gropius als auch Schlemmer im Vorfeld der Ausstellung 1923. Die Bauhaus-Woche hatte mit der *Internationalen Architekturausstellung* zahlreiche Architekten und an der Architektur interessierte Besucher nach Weimar gelockt. Unter ihnen war auch der Schweizer Architekturhistoriker Sigfried Giedion (1888–1968). Ihn beeindruckte die Bauhaus-Woche nachhaltig: *„Ich sah in eine neue Welt. Wer an jener Manifestation teilnahm, trägt den Eindruck davon ein Leben lang mit sich, wenigstens erging es mir so."*[115] Zwar gab es um 1920 mit dem Architekten Adolf Meyer (1881–1929), der auch Gropius' Baubüros leitete, eine Architekturabteilung am Weimarer Bauhaus, eine systematische Architektenausbildung fehlte jedoch. Der Ruf nach einer eigenen Architekturabteilung am Bauhaus wurde immer stärker. Oskar Schlemmer fragte sich im März 1924: *„Ich weiß nicht, ob der Schrei nach dieser Werkstatt hervorgerufen wurde angesichts der Gefahren des Bauhauses nämlich seiner Erfolge. Zwei Werkstätten, Töpferei und Weberei, sind auf dem besten Wege, die Repräsentanten des Bauhauses zu werden, wenn sie es nicht schon sind. Wenn wir dann als gute Kunstgewerbeschule etikettiert werden, bräuchten wir uns nicht zu wundern."*[116]

115 Sigfried Giedion, in: Neumann 1985, S. 132–134, hier S. 133. Zit. n. Beilfuß 2014, S. 70.

116 Zit. n. ebd.

SCHLEMMERS BEITRAG

Schlemmers Beitrag zur Bauhaus-Ausstellung vom 15. August bis 30. September 1923 war immens, wenn man bedenkt, dass er für die Ausstellungsorganisation und das Veranstaltungsprogramm tätig war, sich an der Kunstausstellung mit eigenen Werken beteiligte und zwei Bühnenstücke zur Bauhaus-Woche gab: das mechanisch-dadaistische *Figurale Kabinett* im Stadttheater in Jena sowie sein *Triadisches Ballett* am 16. August 1923 im Weimarer Nationaltheater. In Weimar stand Oskar Schlemmer selbst in einer der Tanzrollen auf der Bühne, da Fred Höger aus Stuttgart verhindert war. Außerdem zeichnete er für die malerisch-plastische Wandgestaltung im Werkstattgebäude verantwortlich. Wie Michael Siebenbrodt vermutet, der Überreste von Schlemmers und Werner Gilles Wandmalereien im Jahr 2006 in einem Mietshaus in der Rudolf-Breitscheid-Str. 4 unter mehreren Tapetenschichten aufspürte, stellte Schlemmer zudem zwei großformatige Wandmalereien, die Ausführung der Bilder erfolgte vermutlich mithilfe der Studierenden aus der Werkstatt für Wandmalerei, rechtzeitig zur Bauhauswoche fertig.[117] Mit dieser monumentalen Arbeit – die Köpfe erreichten fast die vierfache Lebensgröße – und mit dem Wandgemälde *Figur im Quadrat zwischen A und O*, beteiligte sich Schlemmer zusammen mit dem Bauhausschüler Werner Gilles an der Ausgestaltung der damaligen Mietwohnung von Adolf Meyer, dem Leiter des Architekturbüros Gropius. Am Bauhaus war Adolf Meyer als außerordentlicher Bauhausmeister eingestellt, wohl weil er dieses Amt nicht vollberuflich, sondern nur neben seiner Tätigkeit als Leiter des Baubüros ausüben konnte.

117 Michael Siebenbrodt, in: Seemann u. Valk 2009, S. 203–223.

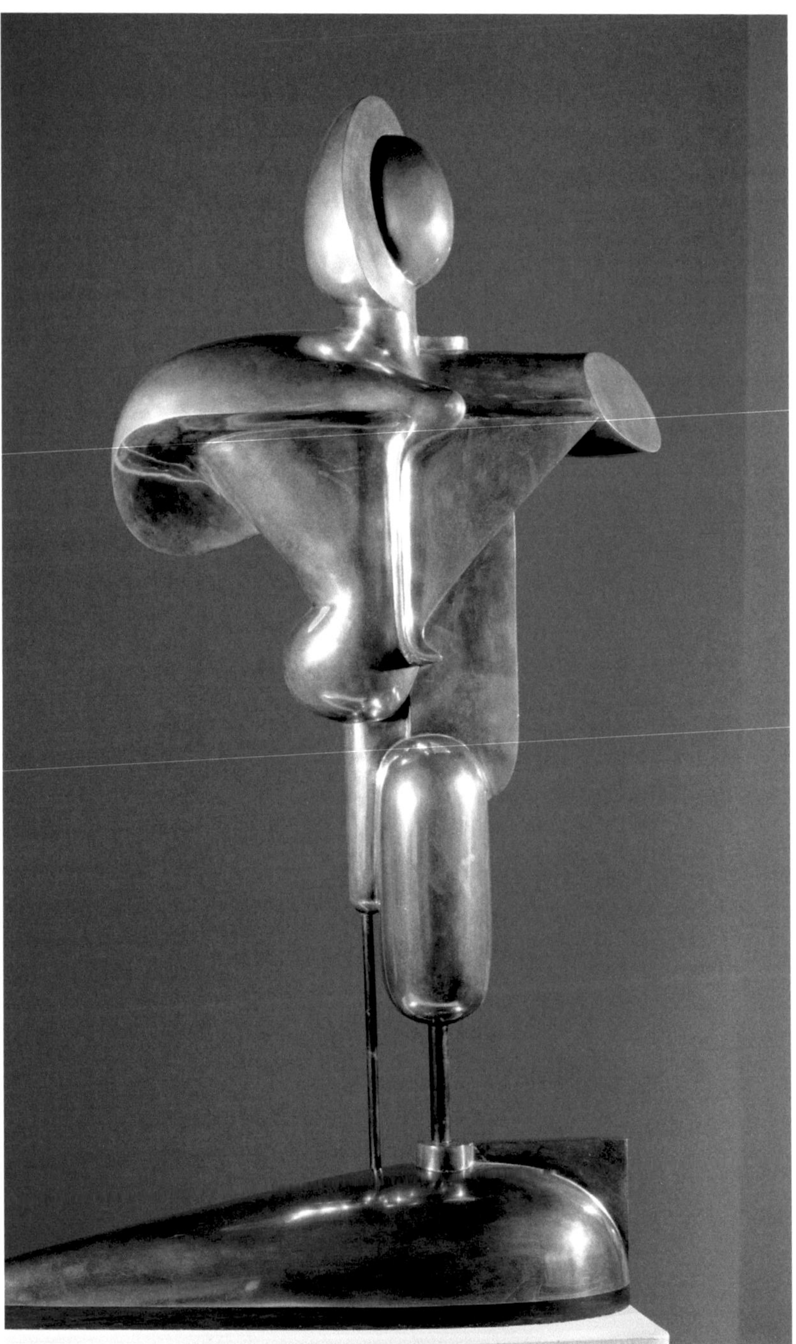

BILDENDE KUNST UND FARBE IN DER ARCHITEKTUR

Die ganz unterschiedliche Malweise von ihm selbst und von Werner Gilles (1894–1961), charakterisiert Oskar Schlemmer rückblickend: „*lockeres Tasten, Primitivismus bei Gilles. Bei mir verfestigte, mathematische Strenge. Ich hatte ganz aus der Wand concipiert, sie malerisch eingespannt. Gilles war Zerfließen, fast ein Ungefähr, doch eine Weite der Anschauung.*“[118] Die Ausgestaltung der Meyer'schen Wohnung ergänzte fünf Projekte, die allesamt unter dem Motto „*Bildende Kunst und Farbe in der Architektur*“ standen, auf der Bauhaus-Ausstellung 1923 in Weimar. Diese fünf Projekte waren das Direktorenzimmer nach der Gestaltung von Walter Gropius im Hauptgebäude, die drei Wandgemälde von Herbert Bayer (1900–1985) im Nebentreppenhaus des Hauptgebäudes, die Relieffelder von Joost Schmidt im Vestibül des Hauptgebäudes sowie die farbliche Ausgestaltung der Innenräume im *Haus Am Horn* durch die Studierenden der Wandmalerei Alfred Arndt (1898–1976) und Joseph Maltan und Oskar Schlemmers aufwendige malerisch-plastische Wandgestaltung im Werkstattgebäude.

Abstrakte Figur (1921), Bronze, vernickelt , Bauhaus-Archiv Berlin

118 Tagebucheintrag vom 16. Nov. 1936 zit. n. ebd., S. 217.

WANDGESTALTUNG IM WERKSTATTGEBÄUDE

„Ich und das Bauhaus: Was will ich? Einen Malerstil schaffen, der, jenseits von Mode und ästhetischer Form, eine Notwendigkeit bedeutet, die sich neben der Zwecknotwendigkeit von Nutzungsgegenständen und Maschinen behauptet. Dieser Stil ist also notwendig ethischer Natur. Darstellung des Lebensstils ‚zur Hebung des Selbstbewußtseins'. Dies will ich in selbständigen Werken, die aber natürlich ihre entsprechende Umgebung vorzüglich die Architektur fordern, gestalten."[119]

Oskar Schlemmer

FORMMEISTER DER WANDMALEREI

Als Schlemmer an das Staatliche Bauhaus in Weimar kam, gab er sogleich Unterricht im Aktzeichnen (1921 bis 1925) und er wurde Formmeister der Wandmalerei (1921 bis 1922). Bis zur Berufung von Wassily Kandinsky (1866–1944) teilte Schlemmer sich zudem die künstlerische Leitung der Wandmalerei mit Johannes Itten, der das Bauhaus im Frühjahr 1923 verließ. Schlemmer war im Jahr 1922 sogar Formmeister in vier weiteren Werkstätten: der Holz- und der Steinbildhauerei (1922 bis 1925), der Metallwerkstatt (1922 bis 1923) und der Glasmalerei (1922). Nach dem Weggang von Lothar Schreyer im Sommer 1923 übernahm er dann die Leitung der Bühnenwerkstatt (1923 bis 1925) in Weimar.[120] Als Formmeister der bildnerischen Werkstätten lag es nahe, dass Schlemmer auf der Bauhaus-Ausstellung 1923 mit den Schülern seiner Werkstätten eine größere, eigens für die Ausstellung konzipierte malerisch-plastische Gesamt-

119 Zit. n. Schlemmer 1958, S. 141f.
120 Übersicht der Bauhauslehrer siehe: Siebenbrodt u. Schöbe 2009, S. 250–251.

konzeption vorstellte. Schlemmer hoffte zum einen, dass dieses Projekt *„zum Wahrzeichen des Bauhauses"* werden konnte und er ging zum anderen an das Vorhaben in Weimar heran, *„hier ein Dokument deutscher Kunst zu errichten"*[121]. Hierfür gestaltete Oskar Schlemmer das Vestibül des Werkstattgebäudes aufwendig um. Die innenräumliche Gestaltung bezieht die Wände im Foyer mit seinen Nischen, Gängen und der umlaufenden Wand des zentralen Treppenaufgangs ein. Dabei handelt es sich um das Gebäude, das als Werkstattgebäude oder heute auch als *Der kleine Van-de-Velde-Bau* in die Architekturgeschichte eingegangen ist. Kunstschulgebäude (1904 bis 1911) und Werkstattgebäude (1905 bis 1906) waren von Henry van de Velde (1863–1957) entworfen und nach seinen Plänen erbaut worden. Im Werkstattgebäude hatte van de Velde seine Atelierräume und hier war die von ihm geleitete *Großherzoglich-Sächsische Kunstgewerbeschule Weimar* untergebracht. Als Nachfolgeinstitution der Kunstgewerbeschule zog Gropius mit seinem neugegründeten Bauhaus ein. Anders als bei der Ausgestaltung des Vestibüls im Hauptgebäude durfte die künstlerische Ausgestaltung Schlemmers im Werkstattgebäude nach Ende der Ausstellung bleiben. Aufgrund eines späteren Umbaus wurde dann unter Professor Otto Bartning (1883–1959), dem Nachfolger von Gropius in Weimar, nur ein kleiner Bruchteil des Gesamtwerkes angetastet, schrieb Schlemmer. Im Jahre 1930 fiel die Ausgestaltung dann jedoch einer, wie Schlemmer es selbst empfand, *„barbarischen Zerstörung"* zum Opfer.[122] Denn mit dem damals aufkeimenden Nationalsozialismus, einer damit einhergehenden anti-modernistischen Kunstauffassung zu Beginn der 1930er Jahre und mit Handlungsanweisung durch die Regierungsbehörden, namentlich durch den Thüringer Minister Wilhelm Frick (1877–1946),

121 Zit. n. Karin von Maur, in: Seemann u. Valk 2009, S. 147–168, hier S. 156.
122 Zit. n. Schlemmer 1958, S. 275.

der später maßgeblich am NS-Regime[123] beteiligt war, ließ der neue Hochschuldirektor Paul Schultze-Naumburg (1869–1949) die Wandarbeiten von Oskar Schlemmer komplett entfernen. Sie wurden 1979/80 teils rekonstruiert.

DAS WERKSTATTGEBÄUDE

Oskar Schlemmer hatte das Werkstattgebäude bewusst ausgewählt. Im verwinkelten Gebäude mit seinen Ecken, Nischen, Treppen und Gängen sah er vielfältige Möglichkeiten für eine zusammenhängende und zusammenfassende Arbeit von Wandbildern und Reliefs. Auf einige Bauhausschüler wirkte die Arbeit klassisch und ethisch. Sie sahen in den Figuren „*Heroen, Helden und Ritter*“[124]. Dieser Eindruck lässt sich in der heutigen Ausgestaltung nur noch erahnen. Die metallischen Reliefs erinnerten die damaligen Schüler womöglich an Ritter in schimmernden Rüstungen. Die beiden vier Meter hohen Relieffiguren im Eingangsbereich, rechts und links die Eingangstür flankierend, ebenso wie das Deckenrelief und weitere Figuren sind heute nicht mehr vorhanden. Schlemmer sah seine Herausforderung vielmehr in der alten Frage nach den Proportionen in der Architektur.

„*Gegeben war die Raumgestaltung van de Veldes, deren ehedem nüchtern getünchte Wände immerhin Wände waren, nach denen eine Zeit lang so inbrünstig von einer jungen Malergeneration gerufen ward, die sich von ihnen die Erlösung von unfruchtbarer Bildmalerei erhoffte.*“[125] Trotz aller Umbrüche in der Kunst sieht Schlemmer ein bleibendes, großes Thema: „*der Mensch, die menschliche Figur. Von ihm ist gesagt, daß er das Maß aller Dinge sei.*

123 Wilhelm Frick war einer der im Nürnberger Prozess angeklagten und schuldig gesprochenen Hauptkriegsverbrecher. Er wurde zum Tode verurteilt und am 16. Oktober 1946 hingerichtet.

124 Zit. n. Schlemmer 1958, S. 275.

125 Brief an Otto Meyer-Amden, Weimar Anfang Juni 1923, zit. n. Schlemmer 1958, S. 149.

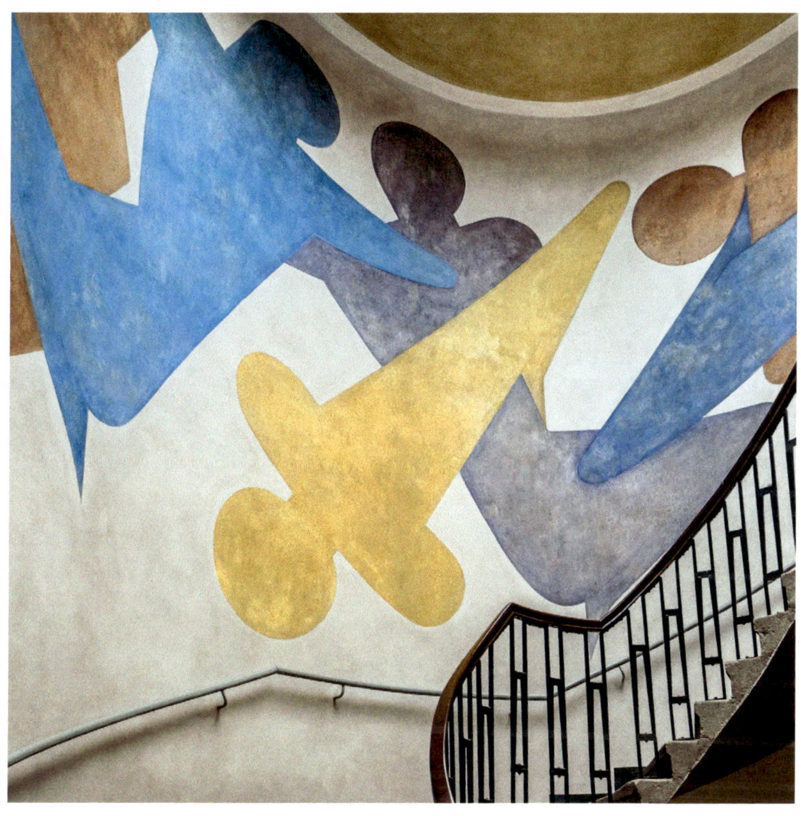

Figurenfries von Oskar Schlemmer im Werkstattgebäude, rekonstruiert

Wohlan! Architektur ist edelste Meßkunst, verbündet euch!“[126] Schlemmer legt seiner Ausgestaltung des Werkstattgebäudes eine Zahlenreihe von 3, 5 und 7 zugrunde. Zum einen ordnet er den Zahlen die Grundfarben Rot, Blau und Gelb zu, erweitert um die Nichtfarben Schwarz und Weiß sowie die gewählten Grundformen. So ganz leicht lässt sich dieses Schema allerdings nicht nachvollziehen. Ob die Zahl Sieben nun aus weiteren Mischungen der Grundfarben resultiert oder aus den verwendeten elementaren Grundformen, führt er nicht genauer aus. Eine natürliche Harmonie entsteht seiner Ansicht nach

126 Tagebuch, Juli/Aug. 1923, zit. n. ebd.

durch die Verwendung lasurfähiger Erdfarben in den Farbtönen Englischrot, Ultramarin und Ocker sowie daneben auch Caput mortuum (Farbton: violettstichiges Rot), Umbra gebrannt (Farbton: Rostbraun) und Indigo. Dazu setzt er noch die Metallfarben Gold, Silber, Kupfer, Blausilber und Violettsilber ein. Grün fehlt ganz bewusst, denn es gehört gemäß Schlemmer nicht in den Innenraum sondern repräsentiert die äußere Umwelt.

FIGUR UND RAUM

Schlemmer spielt in seiner malerisch-plastischen Ausgestaltung des Werkstattgebäudes vor allem mit den Größen seiner Figuren im Verhältnis zum Raum. Die Figuren variieren von riesenhaft, wie im bunten Durcheinander der gemalten Figuren am Treppenaufgang, bis winzig klein in den metallischen Relieffiguren. Die glänzenden Relieffiguren auf rotem Grund scheinen gar im Raum zu schweben oder zu tanzen, sie breiten die Arme aus oder stehen auf dem Kopf. Am Figurenfries, der die Treppe säumt, wird deutlich, dass hier der Vergleich zum tatsächlichen, die Treppe hinauf- oder hinabsteigenden Menschen ansteht. Schlemmer formuliert den Grund für die Größensprünge in seinem Zeitschriftenaufsatz *Gestaltungsprinzipien bei der malerisch-plastischen Ausgestaltung des Werkstattgebäudes des Staatlichen Bauhauses* für die Zeitschrift *Das Kunstblatt* so: *„Die Figuren als Abstraktion sind in den Maßen entsprechend übersteigert, sehr viel größer oder sehr viel kleiner gegeben als der leibhaftige Mensch; dieser sollte Maß und Mitte bleiben.“*[127]

127 Zit. n. Wingler 1962, S. 78–79.

DAS SCHWARZE QUADRAT

DAS BAUHAUS-SIGNET

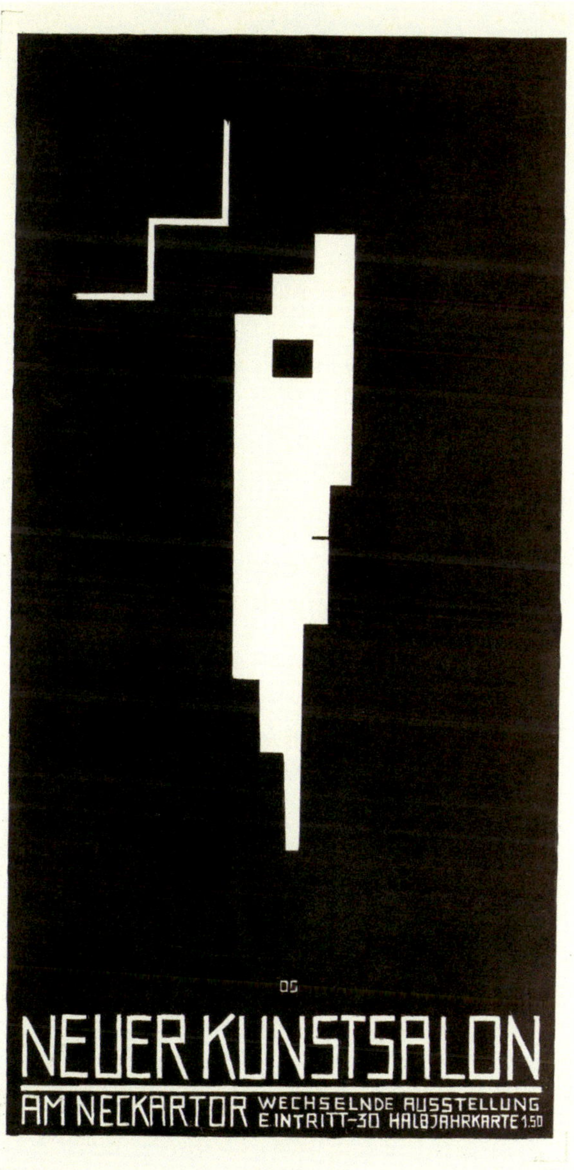

Plakat für den Neuen Kunstsalon am Neckartor (1913), Lithografie, Archiv Oskar Schlemmer, Staatsgalerie Stuttgart

Oskar Schlemmer kann als einer der großen Verfechter und Befürworter der Hinwendung des Bauhauses zu Industrie und Technik gesehen werden. Sein Signet für das Bauhaus, das ab 1922 als offizielles Zeichen am Bauhaus in Weimar das alte Signet ablöste, unterstreicht diese Richtung. Schlemmer beteiligte sich an dem Wettbewerb unter den Meistern um ein neues Logo für das Bauhaus mit zwei nahezu identischen Entwürfen. Die Entwürfe

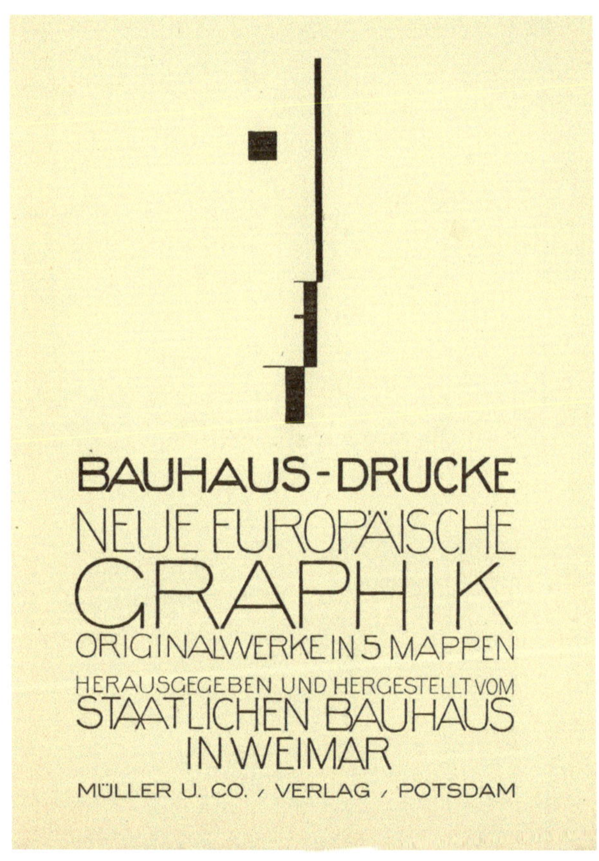

Titelblatt *Bauhaus-Drucke. Neue europäische Grafik* (1922), Bauhaus-Archiv Berlin

unterscheiden sich kaum. In einem Kreis, umgeben von dem Schriftzug „*STAATLICHES BAUHAUS-WEIMAR*" ist ein abstrakter Kopf im Profil zu erkennen. Das menschliche Profil stellt Schlemmer schematisiert in einer rechtwinkligen Anordnung von horizontalen und vertikalen Balken und Linien dar. Das Profil wirkt dadurch räumlich,

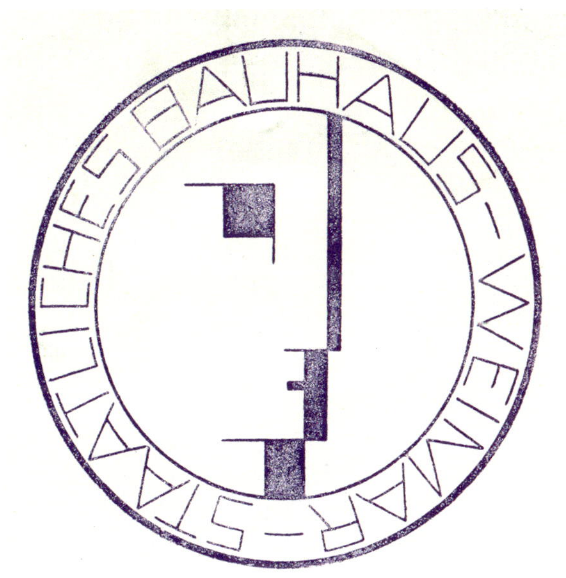

Signet Staatliches Bauhaus Weimar als Stempelabdruck (1922), blaue Stempelfarbe auf Papier, auf Unterlagepapier montiert, rückseitig weiterer Abdruck, Bauhaus-Archiv Berlin

ist gleichsam Architektur geworden. Der später nicht sehr häufig verwendete Entwurf zeigt einen etwas langgezogenen Kopf. Zum Beispiel auf dem Titelblatt der Mappe *Bauhaus-Drucke* aus dem Jahre 1922 ist dieser Entwurf zu sehen. Das letztlich auf allen Stempeln und Drucksachen verwendete Signet scheint ausgearbeiteter zu sein. Es zeigt weitere Linien, auch am Auge, die das obere und untere Augenlid andeuten sowie ausgeprägte Linien, die Nase, Mund und Kinn betonen. In dem langgezogenen Profil (Abb. S. 88) bildet das Auge ein reines schwarzes Quadrat auf weißem Grund. Dies lässt an eines der wichtigsten Gemälde der Moderne denken. *Schwarzes Quadrat auf weißem Grund* des russischen Avantgardisten Kasimir Malewitsch (1879–1935).

Ist es Zufall oder zitiert Schlemmer hier Malewitsch und sein bereits zu damaliger Zeit berühmtes und wegweisendes Gemälde?

KASIMIR MALEWITSCH

Die Abstraktion ist auch für Schlemmer ein wichtiges Thema. Schlemmer leitete seine Entwürfe für das Bauhaussignet jedoch aus seiner eigenen Formensprache ab und entwickelte diese weiter. Maßgeblich für Schlemmer ist seine Plakatgestaltung von 1913 für den *Neuen Kunstsalon am Neckartor* in Stuttgart. Das Plakat zeigt ein ähnlich stilisiertes menschliches Profil aus abstrakten rechtwinkligen Linien und Formen in Schwarz und Weiß. Auch hier bildet ein schwarzes Quadrat das Auge. Zu diesem Zeitpunkt konnte Schlemmer das Gemälde *Schwarzes Quadrat auf weißem Grund* von Kasimir Malewitsch, das zwar auch im Jahre 1913 entstand, jedoch noch nicht gesehen haben. Denn Malewitsch zeigte sein *Schwarzes Quadrat* erstmals zwei Jahre später, im Dezember 1915 in der Ausstellung mit dem Titel „Letzte Futuristische Ausstellung 0,10" in St. Petersburg. Dennoch ist nicht von der Hand zu weisen, dass für Schlemmer und seine Künstlerkollegen am Bauhaus die Abstraktion – oder, wie es Malewitsch nannte, *„die gegenstandslose Welt"* – ein aktuelles Thema ihrer Kunst war und somit in den Bauhausunterricht einfloss. Wie wichtig Malewitsch nicht nur für die Moderne und seine Zeitgenossen, sondern auch für das Bauhaus im Besonderen war, zeigt die Tatsache, dass Malewitsch das elfte Buch der berühmten, vom Bauhaus herausgegebenen *Bauhausbücher* schrieb. Malewitsch erklärt hierin 1927 seine *„Theorie des Additionalen Elementes"* sowie den *„Suprematismus"*. Er beschreibt unter anderem seine Beweggründe, weshalb er das Gemälde *Schwarzes Quadrat auf weißem Grund* schuf. Wie er es selbst nannte, unternahm er den *„verzweifelten"* Versuch, das Bild: *„von dem Ballast der Gegenständlichkeit zu befreien.* […] *Es war dies kein leeres Quadrat, was ich ausgestellt hatte, sondern die Empfindung der Gegenstandslosigkeit.*"[128] Malewitsch fasst seine Impression zusammen: *„Das schwarze Quadrat auf dem weißen Feld war die erste Ausdrucksform der gegenstandslosen Empfindung: das Quadrat = Empfindung, das weiße Feld = das Nichts außerhalb dieser Empfindung.*"[129] Bei aller Orientierung an Moderne, Fortschritt und Technik ist die Welt am Bauhaus jedoch keinesfalls gegenstandslos. Eine Abstraktion der Gegenständlichkeit findet jedoch statt. Am Bauhaus und in Schlemmers Signet steht der Mensch im Zentrum aller gestalterischen Fragen. Malewitsch kehrte Ende der Zwanzigerjahre zu einem figürlichen Stil zurück, in dem Wulf Herzogenrath Schlemmers Figurentypen zu erkennen meint.[130]

128 Malewitsch 1927, S. 66.
129 Ebd., S. 74.
130 Herzogenrath 1973, S. 25.

„DER KREIS IST ROT"

WASSILY KANDINSKY

Kandinskys Fragenbogen, ausgefüllt von Alfred Arndt, Bauhaus-Archiv Berlin

„Warum mache ich den Kreis rot?", fragt Schlemmer noch aus Weimar am 3. Januar 1926 in einem Brief an seinen Freund und Künstlerkollegen Otto Meyer-Amden.[131] Die bis heute mit dem Bauhaus assoziierten Farben und Formen und dessen Zuordnung, Rot = Quadrat, Blau = Kreis, Gelb = Dreieck, gehen auf die Theorien von Wassily Kandinsky zurück, die dieser mit einer Umfrage unter den Bauhäuslern stützte. Im Sommer 1922 folgte Kandinsky dem Ruf an das Bauhaus. Kandinsky war damals deutlich älter als seine gut zehn bis zwanzig Jahre jüngeren Bauhauskollegen Klee und Schlemmer und auch Gropius. Wie Karl Schawelka treffend ausführte, stand Kandinsky von seinem gesamten großbürgerlichen Habitus und aufgrund seines fortgeschrittenen Alters, er war 56 Jahre alt, der Vorgängergeneration des Bauhauses, den etwa gleichaltrigen Künstlern wie Henry van de Velde und Richard Engelmann wesentlich näher.[132] Kandinsky übernahm die zuvor von Schlemmer künstlerisch geleitete Werkstatt der Wandmalerei. Insofern ist es nicht verwunderlich, dass Schlemmer die Aktivitäten des neuen Kollegen besonders aufmerksam beobachtete. Bereits im Oktober 1923 hatte Schlemmer seinem Freund Meyer-Amden über Kandinskys Farbtheorie berichtet: *„Kandinskys Unterricht: Wissenschaftlich strenge Farb- und Formuntersuchung. Beispiel: für die drei Formen (Dreieck, Quadrat und Kreis) die entsprechende elementare Farbe zu suchen. Es wurde beschlossen, daß sie Gelb für Dreieck, Blau für Kreis und Rot für Quadrat sei; sozusagen ein für allemal."*[133] Tatsächlich geht die für das Bauhaus charakteristische Zuordnung von Grundformen und -farben auf eine

131 Zit. n. Beilfuß 2014, S. 91.

132 Vgl. hierzu Karl Schawelka, in: Seemann u. Valk 2009, S. 85–108, hier S. 85.

133 Zit. n. Beilfuß 2014, S. 67.

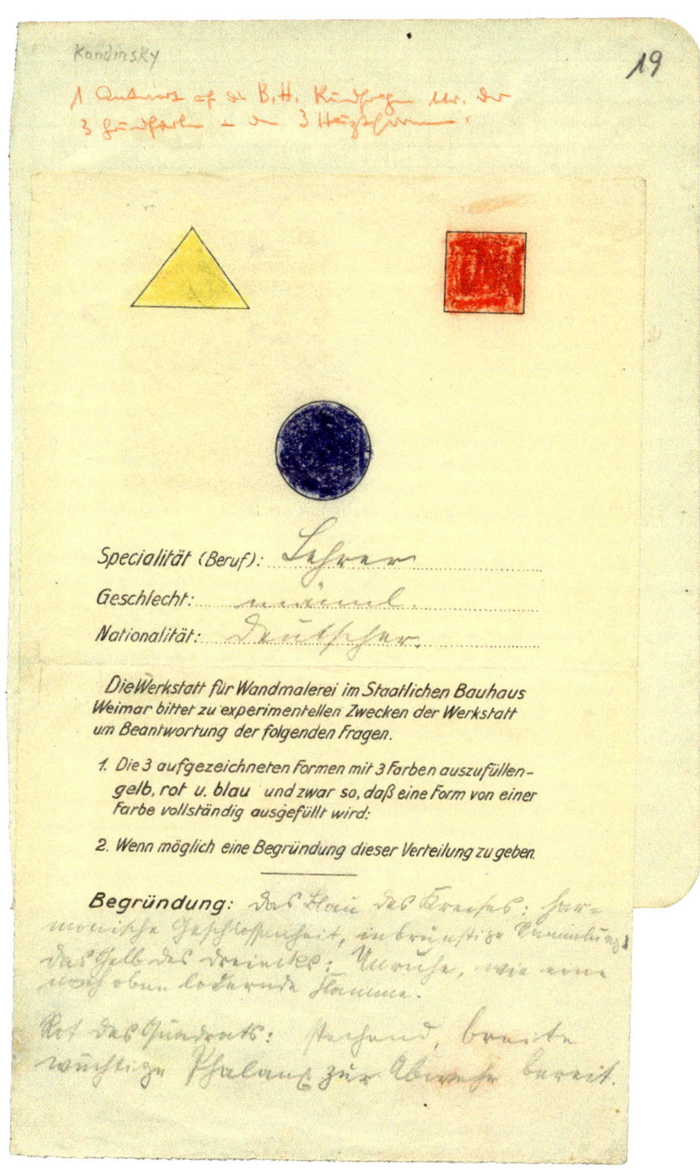

Kandinsky

19

Specialität (Beruf): Lehrer

Geschlecht: männlich

Nationalität: Deutscher

Die Werkstatt für Wandmalerei im Staatlichen Bauhaus Weimar bittet zu experimentellen Zwecken der Werkstatt um Beantwortung der folgenden Fragen.

1. Die 3 aufgezeichneten Formen mit 3 Farben auszufüllen – gelb, rot u. blau und zwar so, daß eine Form von einer Farbe vollständig ausgefüllt wird:

2. Wenn möglich eine Begründung dieser Verteilung zu geben.

Begründung: Das Blau des Kreises: harmonische Geschlossenheit, inbrünstige Versammlung. Das Gelb des Dreiecks: Unruhe, wie eine nach oben lodernde Flamme.

Fragebogenaktion von Kandinsky zurück. Er hatte die Bauhäusler gebeten, den Formen Quadrat, Kreis und Dreieck die Grundfarben Gelb, Blau und Rot zuzuordnen.[134]

134 Vgl. Wingler 1962, S. 88–89.

SCHLEMMER FÜHLT ES ANDERS

„*Ich beteiligte mich damals nicht*", berichtete Schlemmer später.[135] Er war anderer Auffassung: Bezeichnend für Schlemmer ist, dass er bei der Frage nach der Farbe des Kreises ganz von der Natur und seinem Empfinden ausging. „*Muß ich mein Gefühl einer Verstandeserkenntnis opfern?*"[136] Mit Kandinskys Theorie hat er sich wohl auseinandergesetzt, dessen Begründung, „*der Kreis das Kosmische, Einsaugende, Weibliche, Weiche; das Quadrat das Aktive, Männliche*"[137], kann Schlemmer jedoch wenig nachvollziehen. Oskar Schlemmer sieht es vielmehr so: „*rote Kreisfläche (oder Kugel) kommt positiv (aktiv) in der Natur vor: die rote Sonne, der rote Apfel (Orange), die Rotweinfläche im Glas. Das Quadrat kommt nicht in der Natur vor, ist ein Abstraktes* [...] *oder auch Metaphysisches, für das Blau die Farbe ist.*"[138]

DAS ERGEBNIS

Herbert Bayer: *Bauhaus Ausstellung Weimar Juli – August – September 1923*, Lithografie, Bauhaus-Archiv Berlin

Der Bauhauslehrer Alfred Arndt begründete seine Zuordnung der Farben folgendermaßen. „*Das Blau des Kreises: harmonische Geschlossenheit, inbrünstige Sammlung. Das Gelb des Dreiecks: Unruhe, wie eine nach oben lodernde Flamme. Rot des Quadrats: stechend, breite wuchtige Phalanx zur Abwehr bereit.*"[139] Das Ergebnis der Fragebogenaktion fiel zumeist im Sinne von Kandinskys Vorstellungen aus. Nur wenige waren wie Schlemmer, der aber keinen Fragebogen ausgefüllt hatte, anderer Ansicht. Bekannt ist beispielsweise, dass auch die Schülerin Marianne Brandt dem Kreis das Rot und dem Quadrat das Blau zugeordnet hatte, ohne dies jedoch näher zu begründen.[140]

135 (3. Januar 1926), zit. n. Beilfuß 2014, S. 91.
136 Ebd.
137 Ebd.
138 Ebd.
139 Vgl. Abb. in Seemann u. Valk 2009, S. 108.
140 Vgl. Abb. im Auktionskatalog Quittenbaum, 7. Auktion, 80 jahre bauhaus design, München 10.5.1999, S. 74.

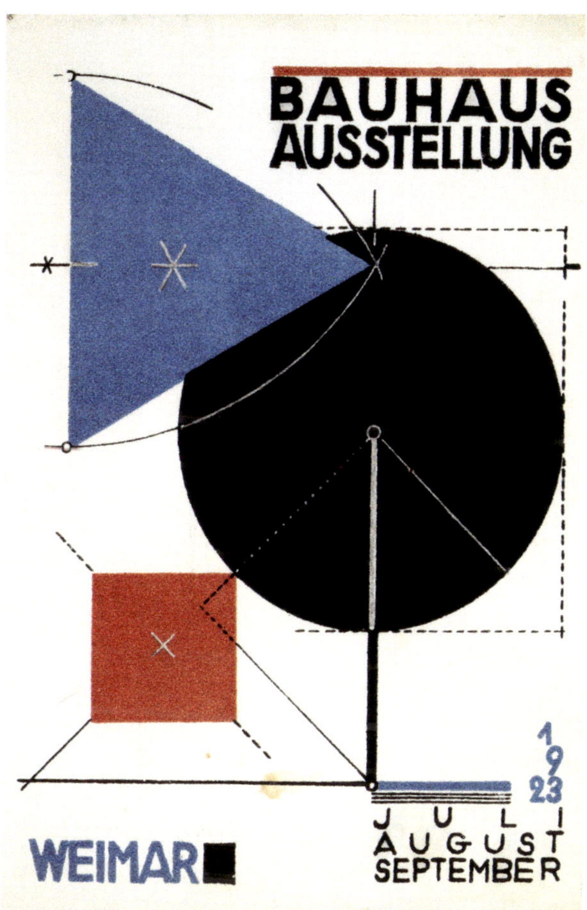

Auch in Dessau war das Thema um die Farb-Form-Zuordnung von Kandinsky noch virulent. Bauhäusler Hannes Meyer, der spätere Nachfolger von Gropius, hatte einen offenen Brief an den Dessauer Oberbürgermeister verfasst. Sogar Hannes Meyer erregte die starre Maxime Kandinskys, die jeden Zugang zu einer *„lebensrichtigen Gestaltung“* versperre, hieß es.[141] Kandinsky hatte dem Bauhaus damit einen Stempel aufgedrückt. Zum Emblem wurden die Farb-Form-Zuordnungen aber erst in der

141 Vgl. Karl Schawelka, in: Seemann u. Valk 2009, S. 85–108, hier S. 101.

Rezeption des Bauhauses. Insbesondere wohl deshalb, weil der Grafiker Herbert Bayer die Farben und Formen für seinen Plakatentwurf zur vielbeachteten Stuttgarter Ausstellung über das Bauhaus 1968 wieder aufgriff. 1923 war der Bauhausschüler Herbert Bayer diesbezüglich noch nicht so gefestigt: Die grafische Gestaltung der Wände (1923) im Nebentreppenhaus des Hauptgebäudes (Abb. S. 143) führte er entsprechend Kandinskys Theorie aus. Aber auf der von ihm entworfenen Postkarte für die Weimarer Bauhausausstellung entschied sich Bayer neben dem roten Quadrat für ein blaues Dreieck und einen schwarzen Kreis.

DIE COLLAGE *PUNKT-LINIE-FLÄCHE / KANDINSKY*

punkt-linie-fläche / Kandinsky (1928), Collage, Tuschfeder, Goldbronze, Collage und Foto auf Karton, veröffentlicht in der Chronik *9 Jahre Bauhaus* zum Abschied von Walter Gropius, Oskar Schlemmer Archiv, Staatsgalerie Stuttgart

Zum Abschied von Gropius als Direktor des Bauhauses gestaltet Schlemmer die Collage *punkt-linie-fläche / Kandinsky*, sozusagen als ironisches Porträt des Künstlerkollegen. Schlemmer kombiniert hier Kandinskys fotografisches Konterfei mit den ausgeschnittenen Worten „fläche", „punkt" und „linie", wobei dies ein Hinweis auf Kandinskys in der Reihe der Bauhausbücher 1926 erschienene Schrift *Punkt und Linie zu Fläche. Beitrag zur Analyse der malerischen Elemente* ist. Für die farbliche Gestaltung wählt Schlemmer, abgesehen von dem auffälligen roten Kreis knapp unterhalb und etwas links der Bildmitte, lediglich gedeckte Gelb-Braun-Töne sowie Schwarz und Weiß. Das Gelb in der unteren linken Ecke des Blattes kann als ein gelbes Dreieck angesehen werden. Damit hätten wir die zwei Grundformen Kreis und Dreieck. Die dritte Grundform, das Quadrat ist aber nicht konkret auszumachen. Lediglich ein braunes Rechteck, beschriftet mit dem Wort „fläche" lugt hinter einem Torso mit zwei seltsam verdrehten Händen vor. Die Farbe Blau, die nach Kandinskys Farbtheorie für den Kreis steht, ist nicht vorhanden. In die rechte Hand legt Schlemmer

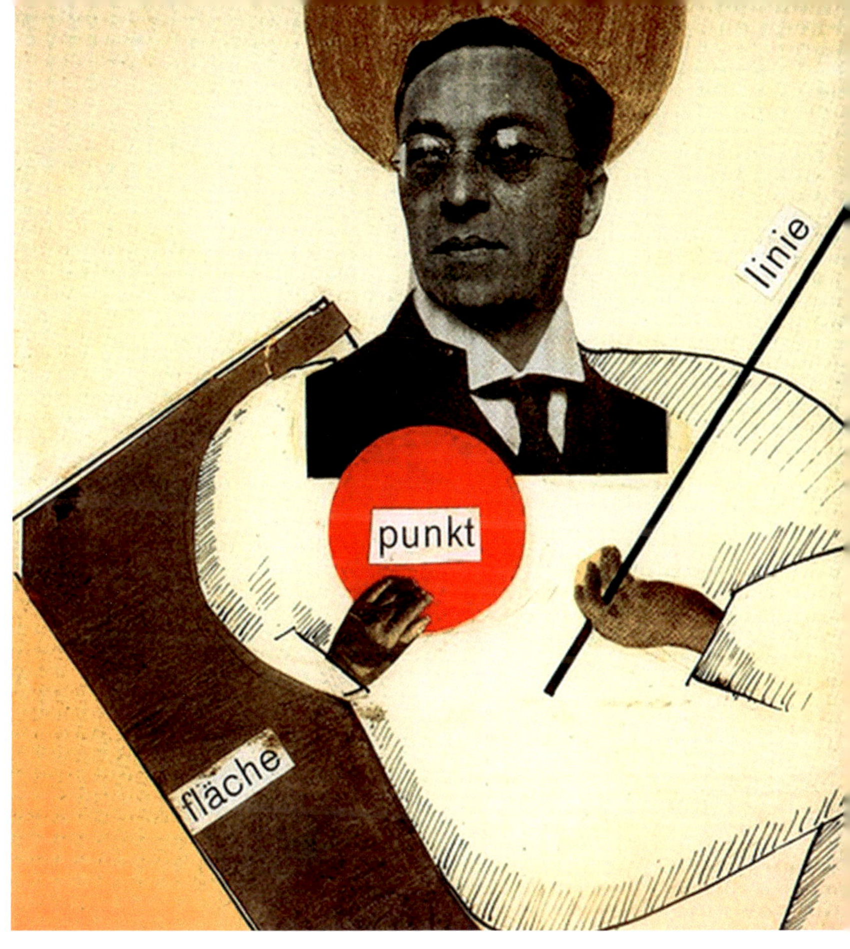

Kandinsky dafür einen roten Kreis, ganz nach Schlemmers Credo *„der kreis ist rot"*. Dieser rote Kreis trägt die Beschriftung „punkt". Eine schwarze Linie, die mit dem Wort „linie" beschriftet ist, wird zum Stab in der Hand des Dirigenten, zum Zepter des Herrschers. Hinter Kandinskys Kopf erscheint, abgeschnitten vom oberen Bildrand, ein goldbrauner Kreis, der an den Heiligenschein einer russischen Ikonenmalerei oder die Krone eines Kaisers erinnert. Schlemmer stattet Kandinsky gleichsam mit den Insignien der Macht (Reichsapfel, Krone und Zepter) aus. Die Collage könnte auch „Kaiser Kandinsky" heißen, aber dann wäre die Analogie wohl zu offensichtlich.

„EINE SINFONIE DES MODERNEN MATERIALS“

Bereits am frühen Bauhaus erkannte Oskar Schlemmer den Wert industrieller Gestaltung: *„typisierte, solide, zweckgerechte Gebrauchsgegenstände für die leiblichen Bedürfnisse, geboren aus der äußeren Notwendigkeit.“*[142] Die industrielle Fertigung hatte seiner Meinung nach das Handwerk abgelöst oder würde es zumindest zukünftig ablösen: *„Handwerkliches Kunstgewerbe im Zeitalter der Maschine und Technik wird Ware für die Reichen.“*[143]

DIE WOHNMASCHINE

In einer vorausgegangenen Diskussion mit seinen Schülern am Bauhaus ging es um den damals aktuellen Begriff der *„Wohnmaschine“*[144], an die sich Oskar Schlemmer in seinem Tagebuch erinnert: In dem Gespräch im Mai 1922 stritt man sich, ob das Haus der Zukunft rein technischer Natur und damit eine pure Ingenieursleistung sei, ob das Religiöse entscheidend für die Kunst sei, ob alles, was man intensiv tue, somit gut wäre oder ob nicht, wie Architekt Adolf Loos meinte, man sich deshalb die Arbeit sparen könne und alles Beste bereits entworfen sei. Der Vorschlag resultierte aus der Debatte: *„Alle denken darüber nach, wie sie ihr Haus bauen wollten.“*[145]

Walter Gropius hatte die Idee der „Wohnmaschine“ von dem französischen Architekten Le Corbusier übernommen. Bei diesem Schema ging es den Architekten der Moderne gleichermaßen um eine *„größtmögliche*

142 Ders.: Hausbau und Bauhaus! Eine reale Utopie, zit. n. Beilfuß 2014, S. 43.

143 Ebd.

144 Den viel beachteten Satz „*Une maison est une machine à habiter*“ (Ein Haus ist eine Maschine zum Wohnen) schrieb der damals noch unbekannte Schweizer Architekt; er sollte unter dem Pseudonym „Le Corbusier“ bekannt werden, 1921 im Heft Nr. 8 der Pariser Avantgarde-Zeitschrift *L'Esprit Nouveau*. Vgl. den Aufsatz von Dieter Schnell: Le Corbusiers Wohnmaschine (24.12.2007) unter http://bauforschungonline.ch/aufsatz/le-corbusiers-wohnmaschine.html (1.7.2015).

145 (Tagebuch, 11. Mai 1922) vgl. Beilfuß 2014, S. 40.

Typisierung und größtmögliche Variabilität". Das Haus als Maschine: Das moderne Haus sollte also gleichsam im täglichen Gebrauch mit seinen Funktionen auf das tägliche Leben und die Bedürfnisse seiner Bewohner zugeschnitten und andererseits auch beim Bau und Herstellungsprozess schnell und massenweise zu realisieren sein. Ein variabler Grundtyp also, der sich auch individuell an unterschiedliche Bedürfnisse anpassen lässt. Gropius dachte dabei an eine Art Baukastenprinzip: „*aus neuen technischen und neuen räumlichen Voraussetzungen einen Baukasten im großen zu schaffen, aus dem sich je nach Kopfzahl und Bedürfnis der Bewohner verschiedene Wohnmaschinen zusammenfügen lassen.*"[146]

DAS *HAUS AM HORN*

Die Moderne hielt nicht nur eine neue Architektur und neue Gestaltungslösungen bereit, das alles war eng verknüpft mit einem sich neu orientierenden Geschlechterverhältnis. Die erotische Umarmung eines nackten Paares – Georg und Elsa, genannt „El", Muche – vor dem *Haus Am Horn* verdeutlicht exemplarisch die Idee einer gleichberechtigten Beziehung. Das Paar ist halb sitzend, halb liegend, mehr nebeneinander als eng umschlungen dargestellt. Ein „*idealtypisches Paar vor idealtypischer Behausung?*" fragt Ute Ackermann in ihrem Artikel *Bauhaus intim.*[147] Der Maler Georg Muche war damals mit 28 Jahren einer der jüngsten Bauhausmeister. Georg Muche hatte das Versuchshaus *Haus Am Horn* anfänglich als sein privates Heim geplant: „*Idee und Entwurf zu dem Haus, das dann das Versuchshaus des Bauhauses werden sollte, haben ihren Grund in meinem ganz privaten Leben. Ich wollte heiraten.*

146 Karl Schawelka: „Idee und Aufbau des staatlichen Bauhauses", in: Nierendorf 1923, S. 7–18, hier S. 16.

147 Vgl. Ute Ackermann: Bauhaus intim, in: Fiedler u. Feierabend 1999, S. 108–119, hier S. 114.

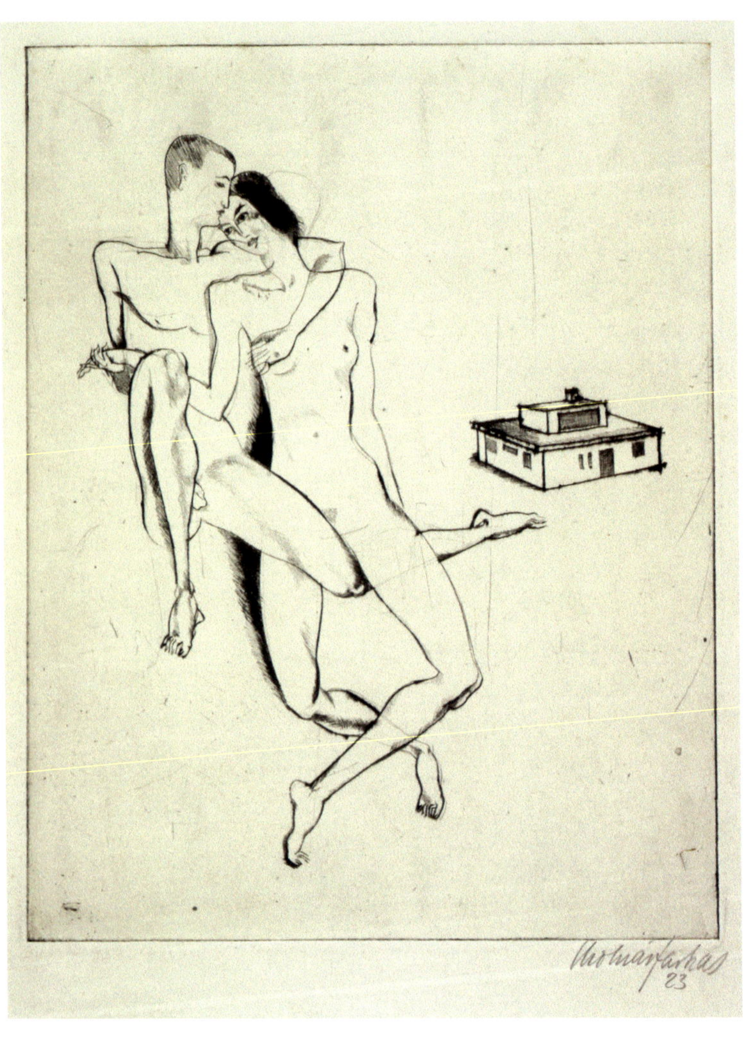

Für meine Frau und mich plante ich das zu uns passende Haus […] das Problem, gemeinsames Schlafzimmer oder nicht? sollte dadurch gelöst werden, dass das Badezimmer so gelegt wurde, dass es trennte und verband. […] Jedem erfüllte dieses Haus geheime Wünsche.“[148]

148 Unveröffentlichte Briefe von Georg Muche, zit. n. Christian Wolsdorff: Georg Muche als Architekt, in: Bauhaus-Archiv 1980, S. 24–30, hier S. 24–25.

DAS GESCHLECHTERVERHÄLTNIS UND DAS NEUE WOHNEN

Muche erinnert sich, mit seinen Plänen bei den jungen Bauhäuslern eine *„Sehnsucht nach einer neuen Form des Daseins"*[149] erweckt zu haben. Die Architektur des *Hauses Am Horn* spiegelt die Idee, die sowohl die Freiheit des Einzelnen, sprich das Nebeneinander, als auch das Miteinander beinhaltet, in gebauter Form wider. Die einzelnen Räume sind um einen zentralen Wohnraum gegliedert: Küche und Essbereich, das Kinderzimmer, das Zimmer der Dame, das Bad und abschließend das Zimmer des Herrn. Sowohl das Zimmer der Dame als auch das Zimmer des Herrn sind vom Wohnraum her begehbar. Getrennte Bereiche für Mann und Frau und ein zentraler Wohnbereich sowie die Zuordnung des Kinderzimmers zu dem der Frau, diese Organisation des Inneren ist als typisches Merkmal für das *Haus Am Horn* in Weimar anzusehen.[150] Wie auch die Zeitgenossen der Bauhäusler Walter und Grete Dexel, die damals in Jena ansässig waren, in ihrer programmatischen Schrift *Das Wohnhaus von heute* (1928) forderten, ist im *Haus Am Horn* für den Arbeitsplatz (des Herrn) kein zusätzlicher Raum eingeplant, sondern lediglich ein Platz in der Wohnung vorgesehen. Das Raumangebot sollte vielmehr der gesamten Familie zugutekommen, so wird insbesondere auf einen eigenen Raum für ein oder mehrere Kinder großen Wert gelegt. Der theoretische Diskurs zum Wohnen wurde in diesem Sinne unter anderem auch von Bruno Taut geführt. Taut erhob, ebenso wie Dexel, das Einrichten der Wohnung zum künstlerischen Prozess, wobei er gezielt die Frau als Gestalterin der neuen Wohnung ansprach. Seine Publikation *Die neue Wohnung. Die Frau als Schöpferin*

Farkas Molnár: *Georg und El Muche mit dem Haus Am Horn* (1923), Radierung, Bauhaus-Archiv Berlin

149 Muche 1961, S. 128.

150 Zwei weitere Beispiele aus der Architekturabteilung am Bauhaus hierfür sind: Für die Bauhaussiedlung 1922 [Bauhaus Archiv Berlin, Inv. Nr. 1101 und 1102] sowie der Entwurf von Friedl Dicker und Franz Singer von 1923 [Bauhaus Archiv Berlin, Inv. Nr. 1096 und 1098], vgl. Bauhaus-Archiv 1987, S. 186f.

war 1928 eines der ersten Architekturbücher, die speziell für ein breites Publikum geschrieben waren und über das Neue Bauen aufklären wollten.

Bei aller Neuordnung, sowohl der Architektur als auch der partnerschaftlichen Beziehungen, fällt auf, dass die Frau für den Haushalt samt Organisation, Gestaltung und Kindern zuständig blieb. Im *Haus Am Horn* verdeutlichen dies die unmittelbaren Nachbarschaften der Zimmer: Das Zimmer der Frau ist mit dem der Kinder verbunden, aber räumlich davon entfernt liegt das Zimmer für den Mann, welches sich wiederum nahe der Nische mit dem Schreibtisch befindet. Die modernste Einrichtung nach Maßgaben der Rationalisierung wird für die Küche im Versuchshaus am Horn gewählt, aber nach wie vor ist und bleibt die Frau hier zuständig, meint Georg Muche als Architekt des Hauses: *„Die Küche soll die Arbeitsstelle, das Laboratorium der Hausfrau sein."*[151] In der Weimarer Republik waren zwar das Wahlrecht (1918/19), die Berufstätigkeit und erstmals das Studium für Frauen möglich geworden, aber an Arbeitsteilung im Haushalt oder gemeinsame Betreuung der Kinder dachte damals offensichtlich niemand. Am Bauhaus ging diese Ansicht mancher männlicher Kollegen sogar soweit, dass die zahlreichen Studentinnen am Bauhaus – anfänglich gab es etwa 50 Prozent weibliche Studierende – sich mit der landläufigen Meinung konfrontiert sahen, die wahre Berufung der Frau liege in der Heirat und Mutterschaft. Hierüber ist ein Austausch unter den Studentinnen belegt und zwar äußerte sich zuerst die Bauhausschülerin Käthe Brachmann direkt als Reaktion auf Walter Gropius' Antrittsrede in der Studierenden-Zeitschrift *Der Austausch* kritisch zur Situation der Frauen am Bauhaus: *„Es schreit in mir: Ich darf arbeiten! Besonders als Frau schätze ich meine Möglichkeiten sehr. Warum sind wir Frauen hier? Wir sind, wie alle professionellen Frauen und beson-*

151 Georg Muche: „Das Versuchshaus des Bauhauses", in: Meyer 1924, S. 15–23, hier S. 16.

ders für Männer, Objekte des Mitleids. ‚Warum folgst Du nicht deinem natürlichen Ruf?', das ist die penetranteste Frage, die männliche Kollegen stellen, und manche stellen noch oberflächlichere Fragen."[152] Auf den Artikel ihrer Mitstudentin Käthe Brachmann reagierten Resi Jäger-Pfleger und Dörte Helm eher schlichtend bzw. geradezu rechtfertigend, denn beide bekräftigten den kreativen Willen der Frauen und machten deutlich, dass sie für ihre künstlerische Berufung hart arbeiten und sich (gegenüber den Männern) beweisen wollten.

Grundriss Haus Am Horn, Entwurf: Georg Muche (1923), abgebildet in: Adolf Meyer: *Ein Versuchshaus des Bauhauses. Bauhausbücher 3* (1925)

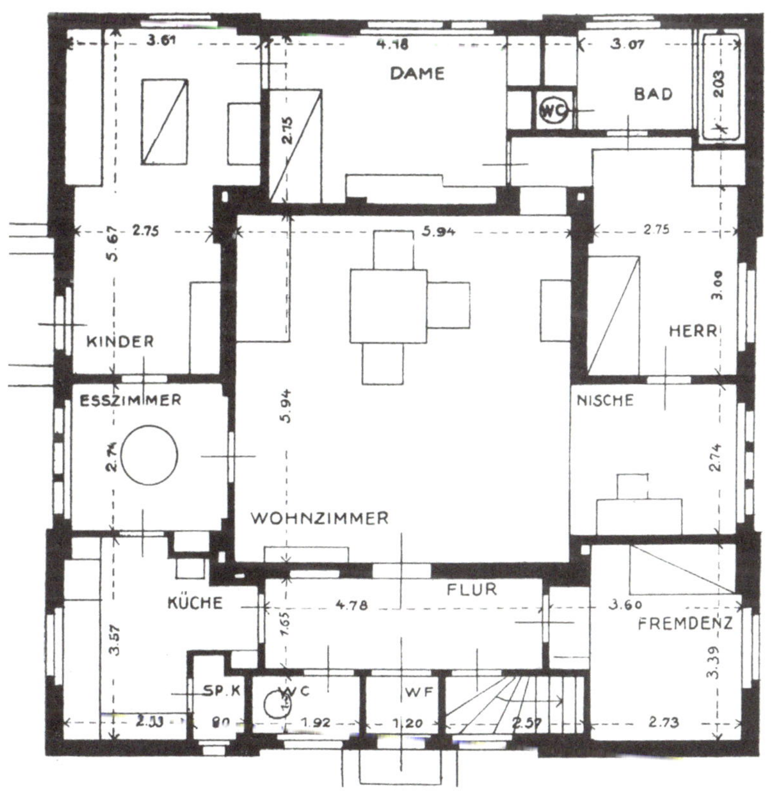

152 Zit. n. Baumhoff 2001, S. 54. Käthe Brachmann: „Echo auf Gropius' Antrittsrede und Programm", in: Der Austausch [Studentische Zeitschrift am Staatlichen Bauhaus in Weimar], Mai 1919.

SCHLEMMERS UTOPIE: EIN WOHNHAUS, DAS NICHT EINMAL STAUB KENNT

Oskar Schlemmers wunderbar witzige Utopie über eine offenbar nach neuesten hygienischen Erkenntnissen funktionierende Wohnmaschine entspann er wohl angeregt durch die eingangs erwähnte Diskussion im Mai 1922 mit seinen Studenten im Text über den Hausbau und das Bauhaus:

> *„Das Modell ist schon fertig, aber auch schon dem Spott preisgegeben Die einen nennen es den ‚Grudeherd' (da die Hauswände weiß Emaille sind, Träger und Fensterrahmen Nickel), die anderen den Patentkoffer, da es sowohl transportabel und zusammenklappbar als auch in seinen Teilen in der Art eines Necessaires aufklappbar ist. Die Spottnamen treffen insofern das Richtige, als es sich um etwas absolut Zweckmäßiges, fern von eitler Pracht und Luxus handelt und daß dabei alle Errungenschaften von Industrie, Technik und Wissenschaft nutzbar gemacht, ja durch die verschiedenen Bedürfnisse diese zu neuen Erfindungen und Experimenten veranlaßt wurden. Das Ganze ist eine Sinfonie des modernen Materials: in der Hauptsache Glas und Metall* […] *Die Räume sind schachtelartig ineinander gefügt und können im Sommer aus- und hochgezogen werden, wodurch mehr und ganz lichte Räume entstehen (Hitze? Scheibenberieselung nach Art der Blumenladen). Im Winter hingegen entsteht durch die mehrfache Schichtung der Wände des nun geschlossenen Hauses fast kein Bedarf an Heizung (Thermosflasche). Staub wird in diesem Hause nicht gekannt. Nach Eintritt ins Haus wird in einem Vorraum mit eingebauten Vakuumreinigern die Kleidung des Eintretenden gereinigt, desinfiziert. Denn die herrliche Ozonluft, die im Hause herrscht, darf durch nichts verunreinigt werden. Zentrum und Clou des Hauses übrigens ist der Baderaum:*

ein physikalisch-chemisches Kabinett par excellence, eine optische Lust an Röhren und Glänzendem: Elektrisier-Apparate und solche von Klee, die verschiedensten Duschen, Höhensonne, Fönapparat und einer ‚zur Hebung des Selbstbewußtseins' die Wiedergeburt in Permanenz! Es ist mein Hauptaufenthaltsraum! Hier lese, schreibe, meditiere ich, pflege den Körper, treibe Gymnastik und denke an Griechenland! Soll ich weiterfahren in der Schilderung der Räume, der Küche, des Eß- und des Schlafzimmers, des Zimmers der Frau und der Kinder, der Sternwarte und des botanischen Gartens auf dem Dache?" [153]

DAS BAUHAUS, DIE MODERNE UND WEIMAR

Dass das Bauhaus die moderne Architektur und die Idee der „Wohnmaschine" vorangebracht hatte, weiß auch der ehemalige Schlemmerschüler René Halkett zu berichten. Als das Bauhaus 1925 nach Dessau umzog, hätte es seine *„eindeutige Prägung"* gefunden, erinnert sich Halkett: *„Ideen, wie jene der ‚Wohnmaschine' hatten für das Bürgertum viel von ihrem Schrecken verloren, zumal es auch immer notwendiger wurde, sowohl formale Gesichtspunkte einer ‚nüchternen Auffassung der erforderlichen Funktionen' wie auch das Bestreben nach einer humaneren Umwelt zur Kenntnis zu nehmen."* [154] Der damals 25-jährige Halkett verließ das Weimarer Bauhaus an diesem Wendepunkt und ging nicht mit nach Dessau.

Die Anfangszeit am Bauhaus war hingegen noch stark vom Expressionismus geprägt. Klar wird dies nicht nur am berühmten Bauhaus-Manifest mit dem Holzschnitt *Kathedrale der Zukunft* von Lyonel Feininger (1871–1956).

153 (Mai/Juni 1922) zit. n. Beilfuß 2014, S. 40f.
154 Vgl. Halkett 2011, S. 295f.

Auch die erste Ausgabe der studentischen Publikation am Bauhaus *Der Austausch*, einem Flugblatt mit Text und Holzschnitt (expressives Gesicht) von Eberhard Schrammen, geht in diese Richtung. Dass Weimar damals nicht der ideale Ort zum Erproben zeitgenössischer Strömungen war, erkannte der Bauhausschüler Georg Calmann: „*Die gute alte Zeit ist so ein Fluch für uns. Sind wir aber nicht Kinder der Zeit, so fehlt uns auch der lebendige Geist der Klassik. Weimar zeichnet sich darin besonders aus, es will nur von den Zinsen seiner Großen leben und störrisch sperrt es sich gegen jedes Neue und Jugendliche ab, auch wenn draußen die Welt voll des Neuen ist.*“[155]

155 G. Calmann: Kritik der Kritik. Der Austausch. Erstes Flugblatt, Veröffentlichung der Studierenden am Staatlichen Bauhaus zu Weimar, Mai 1919, ThHStAW, Plakatslg., Signatur: K 683, Mappe XXII. Holzschnitt von Eberhard Schrammen auch abgebildet in Ackermann u. Bestgen 2009, S. 120.

DESSAU

NEUES BAUEN IN DESSAU

In Dessau konnte Gropius endlich seine modernen Entwürfe für das Bauhaus umsetzen. Es entstanden ein neues Schul- und Werkstattgebäude, drei Doppelhaushälften als Villen mit großzügigen Ateliers für die Meister sowie ein Wohnhaus für den Direktor. Auftraggeber war die Stadt Dessau. Die Meister lebten mit ihren Familien, darunter auch Schlemmer mit seiner Familie, zur Miete in den Doppelhaushälften mit Terrasse und Balkon. Noch vor dem Einzug in die neuen Häuser beklagten die Meister die viel zu hohe Miete und meinten, sie solle ihnen erlassen werden, wie Schlemmer am 8. Oktober 1925 an seine Frau Tut schreibt. Er sei erschrocken über die Höhe und wohl auch die Größe des ersten errichteten Neubaus. Das Gebäude schien ihm wohl recht feudal zu sein. Neben funktional gestalteten Küchen mit so manchen praktischen Details und Einbauschränken wurde der farbigen Gestaltung der Räume großer Wert beigelegt. Für das Wohnhaus Schlemmer gestaltete der Bauhausschüler Heinrich Koch (1886–1934) die Farbflächen in Atelier und Wohnraum, wie die Entwurfszeichnungen von 1926 zeigen. Inwieweit Schlemmer sich daran mit beteiligte, ist nicht belegt.

Das Leben und alles, was das Leben und Wohnen ausmacht, war für Gropius als Architekt zentral:

> *„bauen bedeutet gestalten von lebensvorgängen. der organismus eines hauses ergibt sich aus dem ablauf der vorgänge, die sich in ihm abspielen. in einem wohnhaus sind es die funktionen des wohnens, schlafens, badens, kochens, essens, die dem gesamten hausgebilde zwangsläufig die gestalt verleihen. […] die baugestalt ist nicht um ihrer selbst willen da, sie entspringt allein aus dem wesen des baues, aus seiner funktion, die er erfüllen soll.“*[156]

156 Walter Gropius 1927, zit. n.: Hartmann 1994, S. 148f.

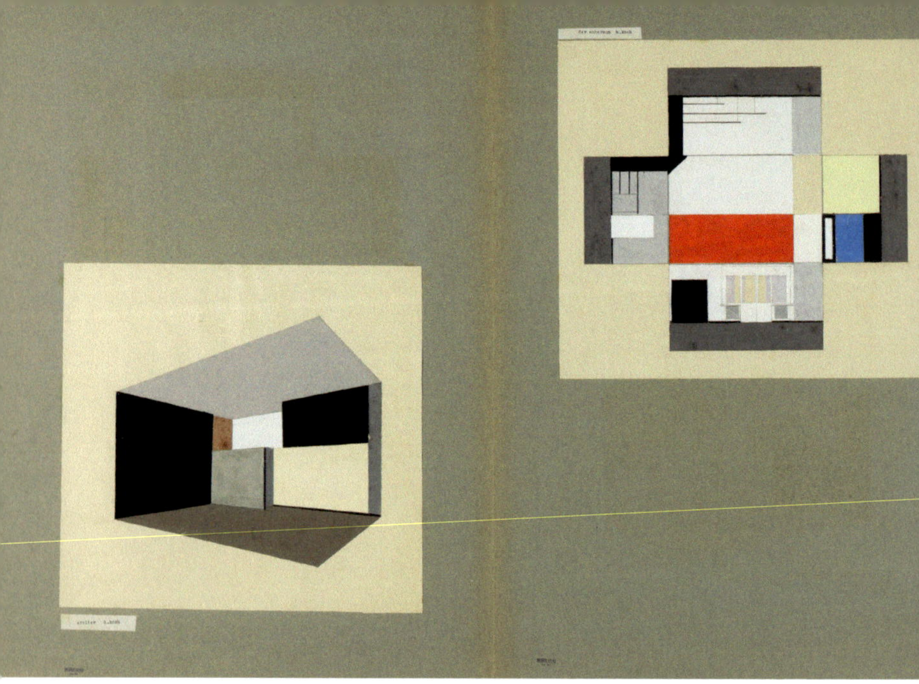

Heinrich Koch: *Entwurf der Wandgestaltung für das Atelier und den Wohnraum im Meisterhaus von Oskar Schlemmer* (1926), Grafische Sammlung, Bauhaus-Archiv Berlin

Bloße Zweckerfüllung hatte Gropius dabei aber nicht im Sinn: *„architektur erschöpft sich nicht in zweckerfüllung, es sei denn, dass wir unsere psychischen bedürfnisse nach harmonischem raum, nach wohlklang und maß der glieder, die den raum erst lebendig machen, als zwecke höherer ordnung betrachten."* [157]

Verantwortlich für die Gestaltung der Außenanlage um die Meisterhäuser und des Direktorenhauses war Architekt Carl Fieger (1893–1960), engster Mitarbeiter im Baubüro von Gropius.[158] Die Bäume, vor allem Kiefern, waren während der Bauzeit bereits vorhanden.[159] Das Kiefernwäldchen ist auf zeitgenössischen Fotos gut zu erkennen. Von der Wohnanlage sind es fußläufig knapp zehn Minuten bis zum Campus. Das Bauhausgebäude mit den Unterrichtsräumen und Werkstätten wurde von 1925 bis 1926 erbaut. Gropius erhielt die Baugenehmigung für

157 Walter Gropius 1930, zit. n. Gebeßler 2003, S. 18.

158 Siehe auch Nikolaus Bernau: Gropius als Gärtner. Die Gärten des Bauhauses, Deutschlandradio Kultur, Beitrag vom 28.06.2005.

159 Vgl. Gebeßler 2003, Foto auf S. 49 oben.

den Neubau des Schulgebäudes in Dessau am 22.6.1925. Im September 1925 begannen die Bauarbeiten. Richtfest war im März 1926 und die feierliche Eröffnung fand im Dezember 1926 statt. Der aus mehreren Gebäudeteilen bestehende Komplex ist seiner jeweiligen Funktion entsprechend unterschiedlich gestaltet und asymmetrisch angeordnet. Gropius weitete die Transparenz der Glasfassade des Werkstattgebäudes bis auf die Gebäudekanten aus. Die Vorhangfassade (curtain wall) ist insbesondere deshalb bis heute beeindruckend. Zudem bleibt die Konstruktion mit den tragenden Stützen auch von außen erkennbar. Die Verglasung vermittelt somit eine außergewöhnliche Leichtigkeit des dreigeschossigen Baukörpers, gleichsam eine „transparente Monumentalität".

DAS MEISTERHAUS MUCHE/ SCHLEMMER

Oskar und Tut Schlemmer, mit ihren mittlerweile drei Kindern Karin, Jaïna und dem einjährigen Sohn Tilman zogen im August 1926 in ein Meisterhaus ein. Die Meisterhäuser bestanden aus drei Doppelvillen sowie einem Einzelwohnhaus. Die einzeln stehende Villa für Direktor Walter Gropius und seine Frau Ise diente auch als Ausstellungsbau und stand Besuchern offen, um die Ideen der Bauhausarchitektur vor Ort anschaulich zu vermitteln. Entlang der Straße (heute Ebertallee) folgten drei baugleiche Doppelhäuser. Die Haushälften waren jedoch nicht absolut identisch. Sie waren mit jeweils gut 300 Quadratmetern zwar fast gleich groß, die eine Haushälfte verfügte jedoch über ein zweites Obergeschoss und hatte dort zwei zusätzliche Zimmer. Im Doppelhaus Muche/Schlemmer kamen die zwei zusätzlichen Zimmer der insgesamt fünfköpfigen Familie Schlemmer zugute. Die Schlemmers bewohnten, von der Straßenseite her betrachtet, die rechte Haushälfte mit dem zusätzlichen

Geschoss. Der Bauhausmeister Georg Muche wohnte mit seiner Frau El nebenan in der linken Haushälfte. Im Erdgeschoss lagen die Wohnzimmer der Nachbarn Wand an Wand. Hier befanden sich zudem je ein kleiner Eingang mit Windfang, eine kleine Kammer, eine Speisekammer, eine kleine Küche, ein Bereich zum Anrichten der Speisen mit Durchreiche zum Essbereich, der offen in den Wohnraum überging, sowie mehrere Zugänge zur Terrasse. Die Terrassen waren jeweils durch eine kleine Mauer begrenzt. Neben einem großen und zwei kleinen Schlafzimmern, einem Bad und einem WC boten die Haushälften im ersten Obergeschoss je ein geräumiges Atelier von ca. 45 Quadratmetern. Die Ateliers lagen, ebenso wie die darunter liegenden Wohnzimmer, Wand an Wand mit dem Nachbarhaus. Die für die Doppelhäuser so charakteristische und markante große Fensterfront zur Straßenseite hin ergibt sich durch die beiden dicht nebeneinander angeordneten, großen Atelierfenster; von außen wirken sie als einheitliche, horizontale Fensterfläche. Einen Akzent dagegen setzt die vertikale Fensterfront des linken Treppenhauses. Anders als der Grundaufbau der Meisterhäuser, waren die Farbgestaltungen der Innenräume jedoch nicht in allen Häusern gleich. So konnte im Haus Schlemmer die originale, farbige Wandgestaltung des Wohnzimmers mit einer blauen und einer gelben Wand sowie einer roten Deckenbemalung rekonstruiert werden, siehe auch die Entwurfszeichnung (Abb. S. 108). An der Außenfassade fanden sich gelbe Akzente an Fenstereinfassungen und Balkonunterseiten. Ähnlich wie beim *Haus Am Horn* in Weimar bezog Architekt Walter Gropius die Studierenden und Werkstätten in die Gestaltung der Innenräume ein. Die Tischlereiwerkstatt lieferte Einbauschränke und Möbel, in der Metallwerkstatt wurden die Lampen entworfen und gefertigt, die Wandmalerei war für die Farbgestaltung der Außenfassaden sowie der Innenräume zuständig. Nicht alles aber wurde am Bauhaus selbst hergestellt. Architekt Walter Gropius setzte für den Innenausbau zudem auf industrielle Erzeugnisse und Produkte aus serieller Produktion, wie seine eigenen Türgriffe (Firma Loevy, Berlin) und Stahlrohrmöbel des Bauhausmeisters Marcel Breuer (Standard Möbel Lengyel & Co., Berlin). Die Häuser verfügten über modernste Heiz- und Warmwassertechnik der ortsansässigen Junkers Werke sowie Sanitäreinrichtungen der Frankfurter Firma Bamberger Leroi.

DIE NACHBARN

Bei Ehepaar Muche gab es ein kleines Schlafzimmer mit schwarzglänzenden Wänden, in dem Georg Muche jedoch nur eine einzige Nacht verbrachte. Jahre später noch schrieb er über den Morgen danach:

„Ich erschrak, als ich mich erhoben hatte und sah, wie mein nach Gottes Plan geschaffener Leib von den Unebenheiten der vier Wände, verquollen und zerfetzt, surrealisiert und reflektiert wurde. Nach dieser Demonstration habe ich das Schlafzimmer nie wieder betreten. Es wurde mit Koffern und überflüssigem Hausrat vollgestopft. Dafür hätte auch Weiß gereicht.“[160]

Die Bauhausmeister Georg Muche, als künftiger Bewohner, und Marcel Breuer, als Gestalter des Innenraumes, waren sich nicht einig. Muche sagte, Schwarz sei die Farbe des Todes. Er wünschte sich eher ein Blau oder Blaugrau an die Zimmerdecke. Breuer setzte den Bedenken entgegen, dass Schwarz auf geglätteter Fläche und hochglänzend geschliffen, nicht düster wirke. Er ließ sich also nicht beirren und, entgegen Muches Unbehagen, das Zimmer vom Fußboden bis zur Decke komplett in Schwarz ausführen. Breuer sah Schwarz als die ideale Farbe für ein Schlafzimmer an, denn Schwarz sei die Farbe des Schlafes. Das andere, geräumigere Schlafzimmer im Hause Muche hatte hingegen helle Wände und einen ein-

160 Georg Muche. Blickpunkt: Sturm, Dada, Bauhaus, Gegenwart, München ²1965, S. 155f., hier S. 156.

gebauten Schrank mit farbenfrohen Türen in Rot, Blau und Gelb. Das Wohnzimmer von Georg und El Muche galt als vorbildlich im Sinne des Bauhauses eingerichtet.

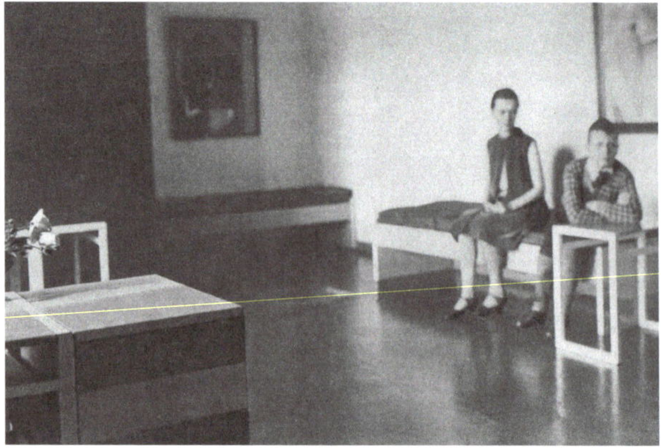

Wohnzimmer im Meisterhaus Muche, El Muche li. (um 1925), Fotograf unbekannt, Bauhaus-Archiv Berlin

Es war sehr schlicht und geradezu spartanisch mit von Marcel Breuer entworfenen Möbeln ausgestattet, Gemälde und Zeichnungen von Georg Muche hingen an den Wänden und vervollständigten das Ensemble. Das Zimmer war von den Möbeln bis hin zum Boden und den Wänden sehr kontrastreich in hell-dunklen Tönen gehalten: Helle Wände mit den Kunstwerken und dazu der dunkle Linoleumfußboden sowie eine einfarbig, dunkel gestrichene Wand, an der keine Bilder hingen. An der hellen Wand setzte das farbenfrohe Gemälde mit dem Titel *Bild mit Gittermuster in der Mitte* (1919) einen farbigen Kontrapunkt im ansonsten vermutlich schwarz-weiß gehaltenen Zimmer. Über die Inneneinrichtung im Hause Schlemmer ist leider nichts oder nur wenig bekannt. Vermutlich hat Oskar Schlemmer in den Werkstätten Möbel nach seinen Entwürfen anfertigen lassen.[161] Als das Ehepaar Muche das Bauhaus verließ, wurden Hinnerk Scheper und dessen Frau Lou die neuen Nachbarn der Schlemmers.

161 Ulrich Borgert: Bau- und Nutzungsgeschichte der Meisterhäuser, in: Gebeßler 2003, S. 46–69, hier S. 60, Anm. 40.

„STROH-, KUNST- UND LEBENSWITWER“

Nach nur acht Monaten im neuen Haus im Sommer 1927 unternahm Schlemmers Gattin mit den Kindern eine längere Reise. Oskar Schlemmer vermietete den größeren Teil des Hauses an den neu an das Bauhaus berufenen Architekten Hannes Meyer und dessen Familie. Ihm selbst blieben das Atelier, ein Schlafraum im Dachgeschoss sowie der Dachgarten.

„Frau und Kinder sind z. Z. im Tessin bei Lugano in Agnuzzo und das auf länger, auf 1 Jahr!, denn so lange ist das Haus vermietet, so lange will Frau Tut mit den Kindern eine relative Freiheit genießen, denn dann meint sie, wenn sie in die Schule müssten übers Jahr, [die älteste Tochter war etwa sechs Jahre alt und sollte dann wohl im nächsten Jahr eingeschult werden. Anm. d. Verf.] *sei es aus damit. Es war auch etwas Flucht dabei, vor den Dessauer Verhältnissen, zum Teil unerfreulichen, unter Geldmangel stehenden, bei Tut besonders aber die Lust an Veränderung, fernschweifend, Nomadentum.“*[162]

Schlemmer selbst blieb also als, wie er sich selbst bezeichnete, *„Stroh-, Kunst- und Lebenswitwer“* in Dessau. In diesem Sommer besuchte Oskar Schlemmer dann zuerst seinen Freund Otto Meyer-Amden in der Schweiz und reiste anschließend ins Tessin, wo seine Familie weilte. Den kalten Winter in Dessau musste Schlemmer dann aber wieder ohne seine Familie in Dessau überstehen. Er fand es ungemütlich, vermisste Frau und Kinder. Er bat Tut: *„Erstmals habe ich meine Verlassenheit von allen guten Geistern schmerzlich empfunden!! Kehre zurück!“*[163] Frau und Kinder reisten aber erst, wie geplant, nach Jahresfrist wieder in Dessau an. Zu diesem Zeitpunkt trat Hannes Meyer die Nachfolge von Gropius an

162 Oskar Schlemmer, zit. n. Magdalena Droste: Flüchtige Begegnungen. Die Bauhausmeister Oskar Schlemmer und Georg Muche, in: Gebeßler 2003, S. 24–45, hier S. 32.

163 Ebd.

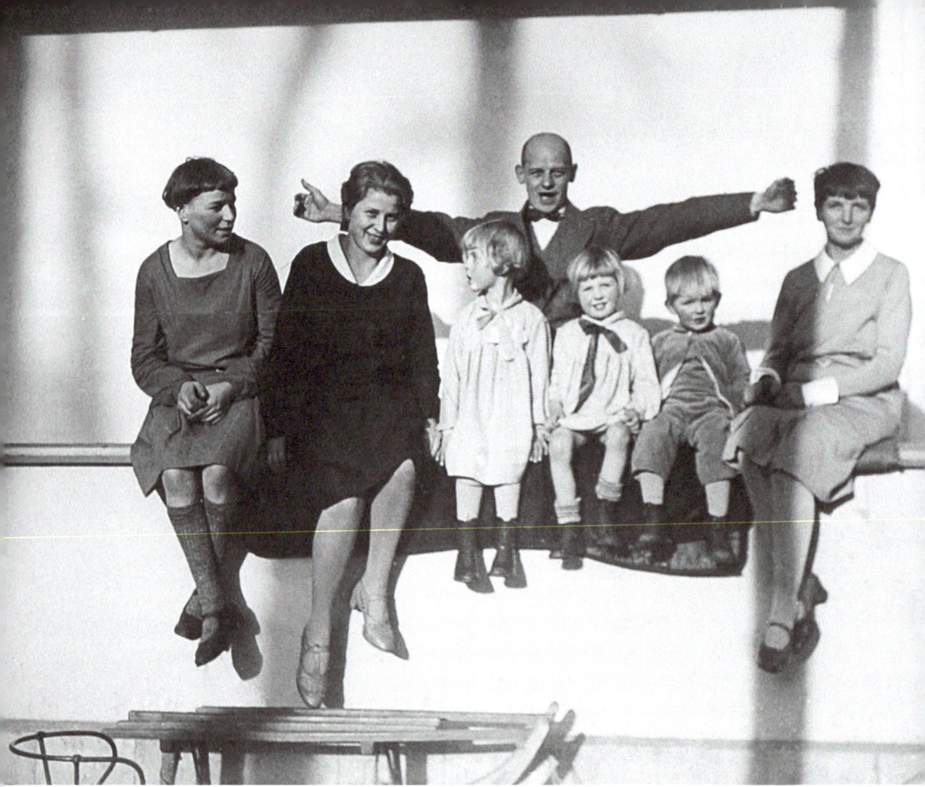

Oskar Schlemmer mit Lola Yekimovsky, Gunta Stölzl, seinen Kindern Karin, Jaïna und Tilman und seiner Frau Tut (v. l. n. r.) vor dem Meisterhaus in Dessau (um 1928), Fotograf T. Lux Feininger, Sammlungsarchiv Stiftung Bauhaus Dessau

und zog daher auch in dessen Meisterhaus um. Schlemmer erhielt unter dem Direktorat von Hannes Meyer wieder mehr Lehrverpflichtungen und somit ein höheres Gehalt. Somit konnte er sich die komplette Hausmiete wieder leisten. Die größere Doppelhaushälfte kostete 1.650 RM, was weit über den damaligen ortsüblichen Mieten lag.[164] Zeitweise zu Besuch bei Familie Schlemmer in Dessau waren Leonid und Lola, Schlemmers Sohn aus der früheren Beziehung zu Daria Yekimovsky und deren Tochter. Von einem der Besuche zeugt auch eine Fotografie, aufgenommen vor dem Meisterhaus der Schlemmers. Als etwa 18-Jährige ist Lola auf dem Foto ganz links zu sehen.

164 Vgl. Ulrich Borgert: Bau- und Nutzungsgeschichte der Meisterhäuser, in: Gebeßler 2003, S. 46–69, hier S. 56.

UNTERRICHT, MALEREI UND POLITIK IN DESSAU

Schlemmer unterrichtete auch in Dessau weiterhin Akt- und Figurenzeichnen (1925–1929) und war als einziger Meister für die Bühne zuständig.[165] In Weimar hatten alle Meister 1925 gekündigt. An das Bauhaus Dessau ging Schlemmer nun mit, vor allem wegen der neuen Bühne: *„Da im großen Neubau eine Bühne gebaut werden wird, die meine eigene und ausschließliche Domäne sein wird; die Berlin-Nähe, die gleichfalls das Theatralische befördern wird* […] *So drängt alles, halb gewollt, halb nicht gewollt, nach dieser Seite,* [nach Dessau Anm. d. Verf.] *und ich dränge nun mit.“*[166] Ursprünglich wollte Gropius die Bühne aus Geldmangel nicht neu aufbauen. Er entschied sich letztlich aber dennoch für eine Bühnenabteilung in Dessau und bezog dies in die Entwürfe des Schulgebäudes ein. Gropius projektierte eine Festebene mit Aula, Mensa und Bühne. In Dessau entwickelte Schlemmer seine *Bauhaustänze* (unter anderem *Raum,- Formen,- Gesten-* und *Kulissentanz,* die er mit Bauhausschülern bei der Einweihung des Bauhaus-Neubaus im Dezember 1926 erstmals aufführte). In Dessau entstand eine neue Werkstatt, die plastische Werkstatt für Ausstellungsbau. Die Werkstatt für Holz- und Steinbildhauerei löste Gropius hingegen auf. Jungmeister und Leiter der neuen plastischen Werkstatt wurde Joost Schmidt. Somit musste Schlemmer aufgrund seiner reduzierten Lehrtätigkeit eine Gehaltskürzung hinnehmen. Da Schlemmer als Leiter der Bühne nur noch ein halbes Gehalt erhielt, besserte er durch Verkäufe von Gemälden sein Einkommen etwas auf. Das Museum Folkwang in Essen kaufte 1927 das Gemälde *Römisches* an und die Dresdner Sammlerin Ida Bienert erwarb das Gemälde *Tischgesellschaft.* 1928 trat Gropius als Direktor des Bauhauses zurück. Der Architekt Hannes Meyer übernahm die Nachfolge.

165 Übersicht der Bauhauslehrer siehe: Siebenbrodt u. Schöbe 2009, S. 250f.
166 [Brief Sept. 1925], zit. n. Beilfuß 2014, S. 84.

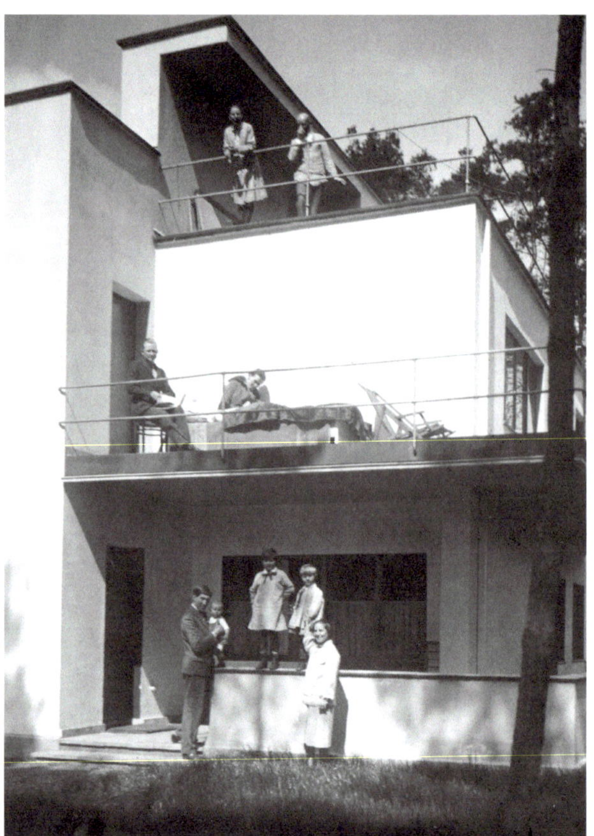

Meisterhaus (1927), oben: Lou Scheper (li.), Oskar Schlemmer (re.), Mitte: Georg Muche (li.), Lucia Moholy (re.), unten: Hinnerk Scheper mit Tochter Britta (li.), Natalie Meyer-Herkert (Ehefrau von Hannes Meyer re.) mit den Töchtern Claudia (li.) und Lydia (re.), Fotograf unbekannt, Bauhaus-Archiv Berlin

Schlemmer hielt die Vorlesung *Der Mensch*. Schlemmers Aufzeichnungen dieses Unterrichts konnten damals nicht, wie ursprünglich geplant, in der Reihe der Bauhausbücher veröffentlicht werden. Erst aus Schlemmers Nachlass 1969 trug Hans M. Wingler die Unterlagen zusammen und veröffentlichte sie im Gebrüder Mann Verlag. „*Das Ziel, dem* [am Bauhaus] *alles untergeordnet wurde und blieb, war das soziale Wesen Mensch und, bei allem sozialen Engagement, das Individuum*" hieß es in der Verlagsbeschreibung.

Ise Gropius, Ehefrau des Direktors Walter Gropius, sah die Maler am Bauhaus als weltfremd an. Sie erwähnt in ihrem Tagebuch: „*Bei Klees und Kandinskys herrscht eine völlige Unkenntnis der schwierigen Lage; sie lesen keine Zei-*

tungen und vergraben sich in ihren Ateliers.“[167] Ob sie dies von Oskar Schlemmer auch meinte, ist ungewiss. Er jedoch schreibt seiner Frau Tut aus Dessau: „*Hatte die Vorstellung, hier stehen eines Tages die Wohnungslosen, während sich die Herren Künstler auf dem Dach ihrer Villa sonnen.*“[168] Der soziale Wohnungsbau ist am Bauhaus dann unter Gropius' Nachfolger Hannes Meyer verstärkt ein Thema, der aus seiner linkspolitischen Haltung keinen Hehl macht. So kommt es auch zu Meyers Entlassung im August 1930. Da Hannes Meyer kommunistische Studenten bei Demonstrationen unterstützte, fordert Oberbürgermeister Fritz Hesse am 29. Juli 1930 dessen sofortigen Rücktritt als Bauhausdirektor. Meyer lehnte ab und wird etwa eine Woche später entlassen. In der Siedlung Dessau-Törten ziehen unterdessen die ersten Mieter in die von Hannes Meyer entworfenen Laubenganghäuser ein. Nachfolger und letzter Bauhausdirektor wird auf Vermittlung von Walter Gropius der Architekt Ludwig Mies van der Rohe (1886–1969). Unter den politisch erschwerten Bedingungen des Nationalsozialismus muss van der Rohe das Bauhaus 1933 an seiner letzten Zufluchtsstätte in Berlin auflösen.

DIE FESTKULTUR IN DESSAU

Am Bauhaus ist das gesamte Leben Gegenstand der Gestaltung. Feste fanden auch in Weimar zahlreich statt. In Dessau ändert sich die Festkultur dahingehend, dass die Feste stärker durchgeplant und strenger inszeniert werden. Dennoch bleibt das Ganze nicht ohne ironischen Unterton. Im Rahmen des Richtfests des Bauhausneubaus am 20. März 1926 findet am darauffolgenden Tag im Volks- und Jugendheim „das weiße Fest“ statt.

167 Ise Gropius: Bauhaus-Tagebuch 1924–1928. Unveröffentlichtes Typoskript, Nachlass Gropius, Bauhaus-Archiv Berlin. Zit. n. Ulrike Knöfel: Neues Bauen, neue Welt, Spiegel Online, 16. Februar 2009. (Abgerufen am 15.9.2015).

168 (8. Okt. 1925) zit. n. Beilfuß 2014, S. 86.

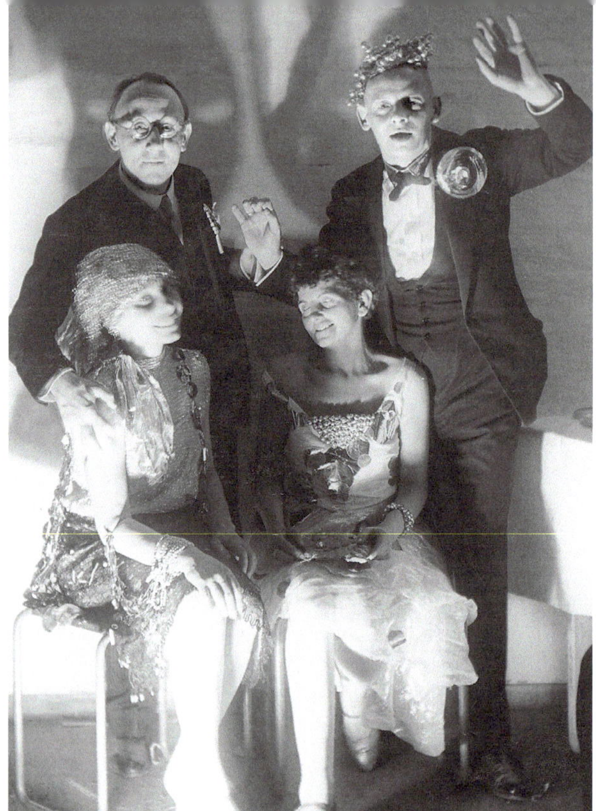

Bei einem Bauhausfest in Dessau. Gunta Stölzl und Tut Schlemmer, dahinter Walter Beck und Oskar Schlemmer, Fotograf unbekannt, Privatfotoarchiv von Monika Stadler

Auf der Einladungskarte wird verkündet, dass die Veranstaltung nicht öffentlich sei. Die Einladungen ergingen nur in beschränkter Zahl und um schriftliche Anmeldung wird förmlich gebeten. Außerdem herrscht Kostümzwang und zwar wie folgt: *„2/3 weiß, 1/3 farbe, diese gewerfelt, gedippelt, gestreift."* Auf Wunsch könne eine kostengünstige Kostümberatung erfolgen. Auch das „Metallische Fest" drei Jahre darauf ist gestalterisch durchgeplant. Es ist Bauhaus-Fasching. Alles soll glänzen und klingen unter dem Motto „Glocken Schellen Klingel Fest". Die Gäste rutschen über eine Rampe in einen silbrig-metallisch dekorierten Raum.

Ise Gropius schrieb den Bauhausfesten eine pädagogische Funktion zu, sie sollten den Gemeinschaftsgeist fördern und sogar helfen, bestehende Probleme untereinander zu lösen. Sie berichtete: *„Mein Mann hatte festgestellt, dass die beste Methode, mit diesen Problemen fertig zu werden, ist, ein Fest zu feiern. Das war so eine Art Katharsis, eine Reinigung, wie ein Gewitter, danach ist die Luft klar. Man hat über den anderen gelacht, Scherze gemacht. Und das war ganz klar pädagogisches Ziel.*"[169] Zum „Metallischen Fest" am 27. Februar 1929 inszeniert Schlemmer mit dem *Metalltanz* seine letzte Aufführung an der Bauhaus-Bühne.

ABSCHIED

Bis zum Herbst 1929 blieb Schlemmer am Bauhaus. Sein Abschied zog sich über ein ganzes Jahr hin. Bereits Ende des Jahres 1928 sah Schlemmer das Bauhaus in Dessau wohl vor allem in Hinblick auf das Theater als nicht aktuell an. Im Brief endet er mit der Aussage: *„Prag, Dresden, Frankfurt, Stuttgart, Basel, Zürich, Breslau sind die fraglichen Städte dieser Zeit.*"[170] In Stuttgart hatte er sich erfolglos um eine Berufung an die Kunstakademie bemüht. Nach Breslau wird es ihn führen. Dies kündigte sich bereits im Frühjahr 1929 an. Willi Baumeister verrät er: *„Im Vertrauen: Man interessiert sich dort für mich.*"[171] Im Juni erfolgte dann der Ruf an die dortige Staatliche Akademie für Kunst und Kunstgewerbe in Breslau, wo er im Oktober 1929 mit dem Unterricht *Mensch und Raum* begann und die Bühnenkunstklasse übernahm. Hier entstand eines seiner Hauptwerke: Die *Bauhaustreppe.* Die betrübliche Nachricht von der Schließung des Bauhauses an seinem letzten Zufluchtsort in Berlin veranlasste Schlemmer, das Bild zu malen. Das großformatige Gemälde ist heute im Besitz des Museum of Modern Art in New York.

169 Ise Gropius Tagebuch, zit. n. Macher 2005.
170 (Dez. 1928) zit. n. Beilfuß 2014, S. 120.
171 (6. März 1929) zit. n. Beilfuß 2014, S. 124.

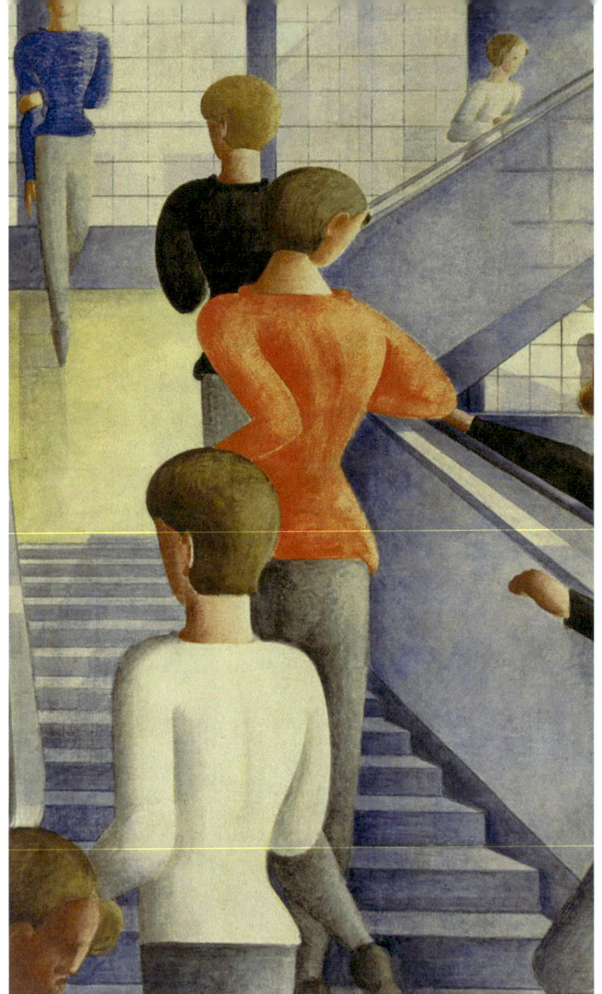

Bauhaus-treppe (1932), Öl auf Leinwand, 162,3 × 114,3 cm, MoMa, New York, Geschenk von Philip Johnson

Als Vorlage diente Schlemmer die Schwarz-Weiß-Aufnahme des Bauhausstudenten Theodore Lux Feininger (1910–2011), dem jüngsten Sohn des Bauhausmeisters Lyonel Feininger. Das Foto, eine Gruppenaufnahme, zeigt die Bauhausschülerinnen der Webereiklasse und ihre Leiterin Gunta Stölzl (1897–1983). Als das Foto auf der Bauhaustreppe im Dessauer Schulgebäude entstand, hat Schlemmer an der Komposition des Fotos und der Aufstellung der Frauen auf der Treppe mitgewirkt. In seinem späteren Gemälde lockert Schlemmer die Gruppe dann auf, indem er die Personen vereinzelt. Sie posieren hier nicht mehr für ein Foto. Durch die angeschnittenen Figuren am Bildrand, die seitlich in das Bild hineinzudrängen scheinen, bewahrt das Gemälde gleichwohl etwas Fotografisches. Die Figuren geben sich jedoch nicht mehr als namentliche Personen zu erkennen. Allen haftet gleichsam etwas Abstraktes, Ideales an.

Die Weberinnen auf der Bauhaustreppe (um 1927), Fotograf: T. Lux Feininger, Bauhaus-Archiv Berlin

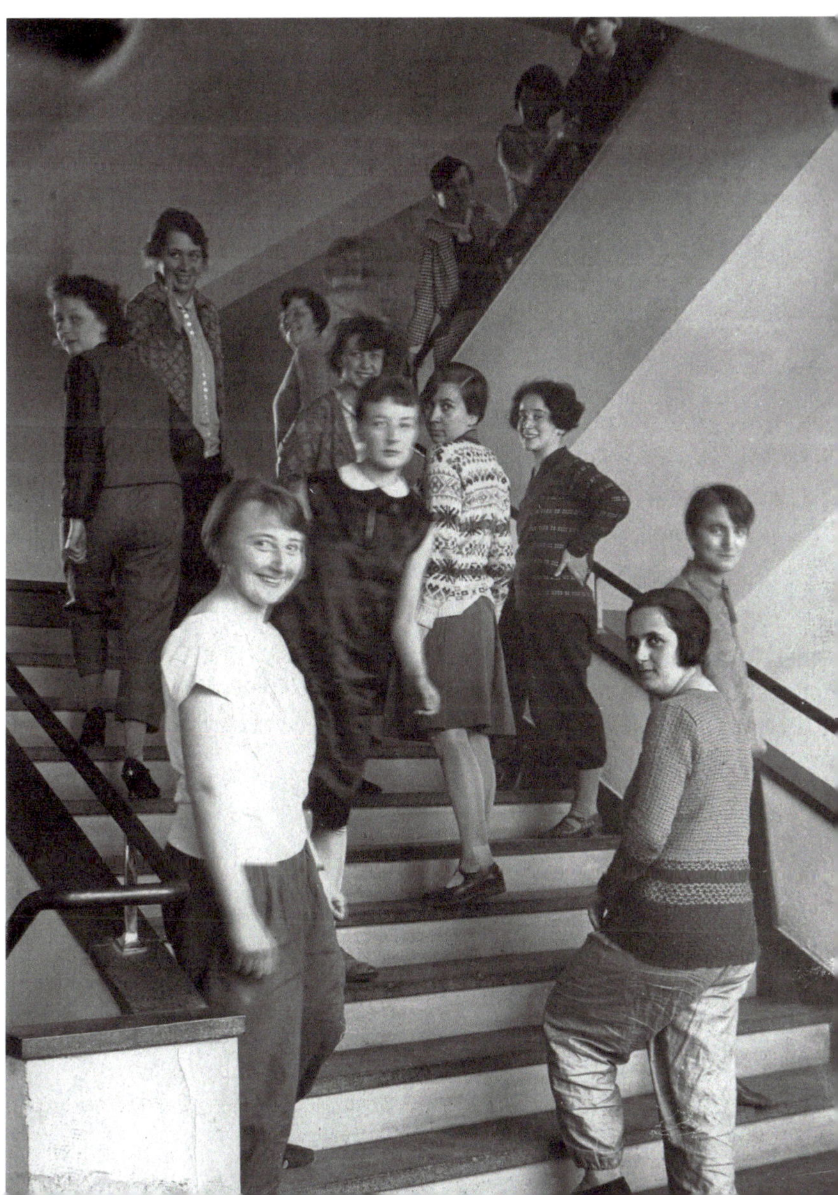

Sie sind ganz Figur. Ihre Gesichter wenden sich ab. Sie streben aufwärts die Treppe hoch. Einzig die Figur oben links in der Ecke wendet sich dem Betrachter in tänzerischer Pose zu und schaut direkt zu ihm hin. Folgerichtig urteilt die Bauhauskennerin Magdalena Droste: *„Das großformatige Bild* […] *ist die harmonische Synthese des modernen Menschen im modernen Raum, Erinnerung und Vision gleichzeitig."*[172]

ZEIT DES NATIONALSOZIALISMUS

Mit dem aufkommenden Nationalsozialismus im deutschsprachigen Raum verschlechtern sich die Arbeitsbedingungen für Oskar Schlemmer drastisch. Mit der Zerstörung seiner malerisch-plastischen Wandarbeit im Werkstattgebäude in Weimar 1930 trifft ihn der NS-Vandalismus als einen der ersten Künstler überhaupt. Zwar folgt Schlemmer dem Ruf nach Berlin an die Vereinigten Staatsschulen für Kunst und Kunstgewerbe in Berlin-Charlottenburg Ende 1932. Hier wird er aber bald auf einem Plakat zusammen mit vier weiteren Kollegen der Hochschule öffentlich als *„destruktives, marxistisch-jüdisches Element"* gebrandmarkt, woraufhin Schlemmer seine Unterrichtstätigkeit niederlegt. Es kommt zur fristlosen Kündigung seitens der Hochschule. Schlemmer verliert seine Existenzgrundlage. Frau und Kinder ziehen zu Verwandten nach Mannheim und gemeinsam mit Oskar Schlemmer dann 1935 nach Eichberg (Ortsteil der Gemeinde Dettighofen) im Landkreis Waldshut, Baden-Württemberg. Aufgrund anonymer Drohungen aus nationalsozialistischen Kreisen wird die geplante Eröffnung von Schlemmers erster großer Retrospektive im Württembergischen Kunstverein in Stuttgart kurz zuvor abgesagt. Schlemmers dritte Fassung der Folkwang-Tafeln in Essen

172 Magdalena Droste: „Flüchtige Begegnungen. Die Bauhausmeister Oskar Schlemmer und Georg Muche", in: Gebeßler 2003, S. 24–45, hier S. 33.

wird 1933 entfernt und ist 1937 Teil der Münchner Ausstellung „Entartete Kunst". Zahlreiche seiner Kunstwerke gehen im Krieg verloren oder werden beschlagnahmt. An seine Erfolge aus der Bauhaus-Zeit kann Schlemmer in dieser schweren Zeit nicht mehr anknüpfen. Im Herbst 1937 zieht er mit seiner Familie in ein eigens erbautes, einfaches Holzhaus in Sehringen bei Badenweiler im südlichen Schwarzwald und beschäftigt sich wohl auch notgedrungen mit Viehzucht und Gartenbau. Emigrationspläne in die USA verwirft er. Ideelle Anerkennung erfährt er im Ausland: Seine Werke werden in der Londoner Ausstellung „Twentieth Century German Art" in den New Burlington Galleries und in der Bauhausausstellung im Museum of Modern Art in New York (USA) gezeigt. Um seinen Lebensunterhalt zu sichern, nimmt Schlemmer unterschiedliche Arbeitsaufträge an: Türbemalungen, Tarnanstrich für Kasernen, Dekore von Lackschränkchen für die Wuppertaler Lackfabrik Herberts und er malt Hinterglasbilder mit religiösen Motiven. Von 1940 bis 1942 leitet er dann hauptberuflich das Lacktechnikum der Firma Kurt Herberts in Wuppertal. Schlemmer muss daher auch die meiste Zeit vor Ort verbringen, während Frau und Kinder weiterhin das Haus in Sehringen bewohnen. Da ein anderer Auftrag der Firma Herberts an den ehemaligen Bauhauskollegen Georg Muche, ein Fresko, die zur Verfügung stehenden Gelder verschlingt, muss Schlemmer sein begonnenes Projekt *Lackkabinett* aufgeben. Schlemmer beneidete den *„Glückspilz"* Muche, er und Künstlerkollege Willi Baumeister hätten sich *„die Rosinen aus dem Herberts-Kuchen"* herausgepickt.[173] Schlemmer nutzt diese Phase trotz aller Widrigkeiten dennoch kreativ und künstlerisch, obwohl er diesen Zustand als künstlerische Selbstentfremdung empfindet. Er experimentiert in seiner Funktion als Leiter des Technikums mit Lackfarbe und entwickelt

173 Oskar Schlemmer, zit. n. ebd., hier S. 35.

das Tropfenlauf-Verfahren. Als Ergebnis seiner praktischen Materialstudien entstehen seine 54 *Modulationen* und seine *Klexographien* (1941). Im darauffolgenden Jahr gestaltet Schlemmer die Werkgruppen der kleinformatigen *Fensterbilder* sowie Miniaturreliefs. Darin kommt Schlemmers letzte Kraft zum Ausdruck: *„hier auf diesem kleinsten Raum habe ich alles gegeben, was ich geben kann.*“[174] Dies sollten seine letzten künstlerischen Werke sein. Am 13. April 1943 stirbt Oskar Schlemmer im Alter von nur 54 Jahren nach schwerer, akuter Krankheit.

174 Magdalena Droste: „Flüchtige Begegnungen. Die Bauhausmeister Oskar Schlemmer und Georg Muche“, in: Gebeßler 2003, S. 24–45, hier S. 35.

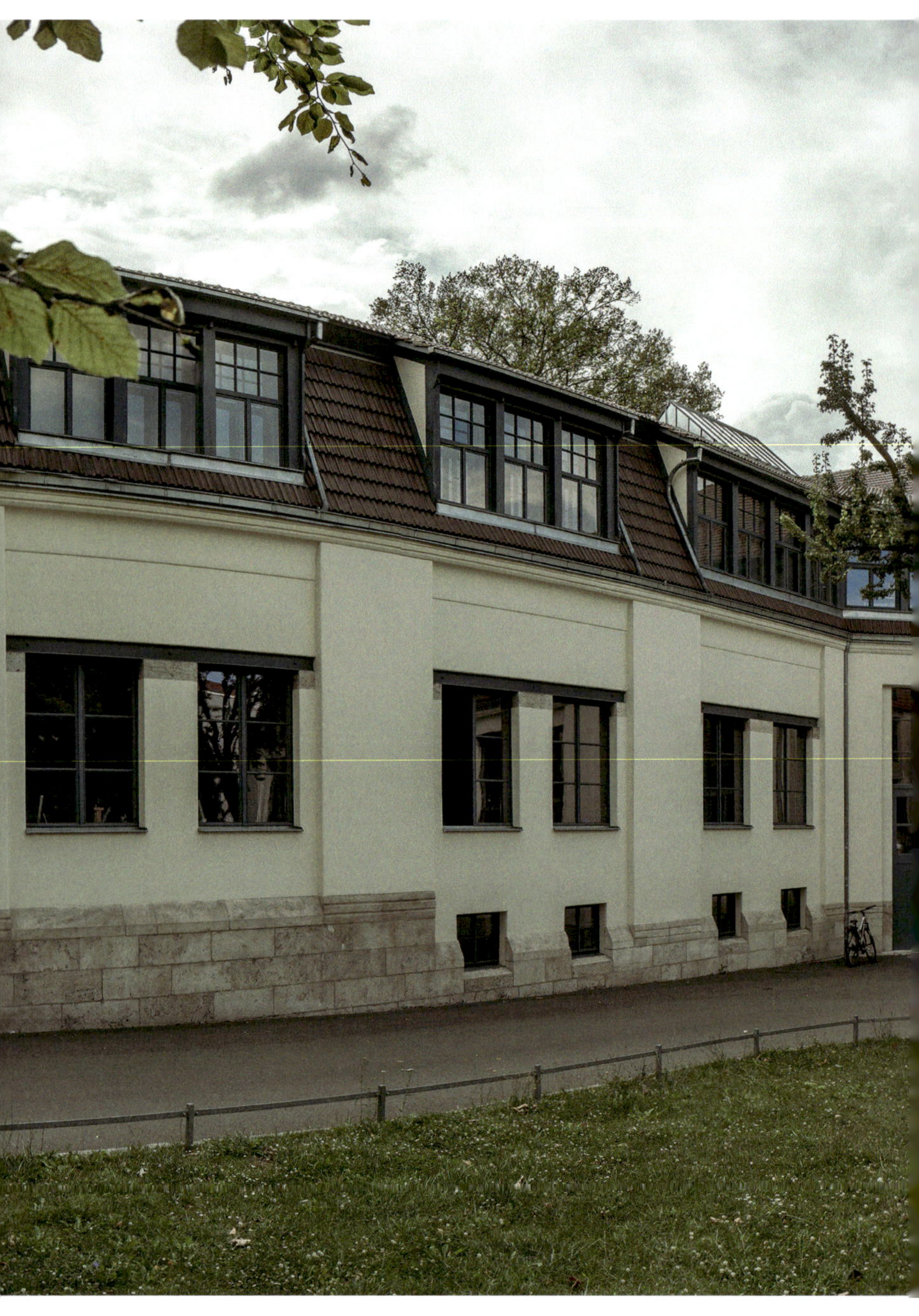

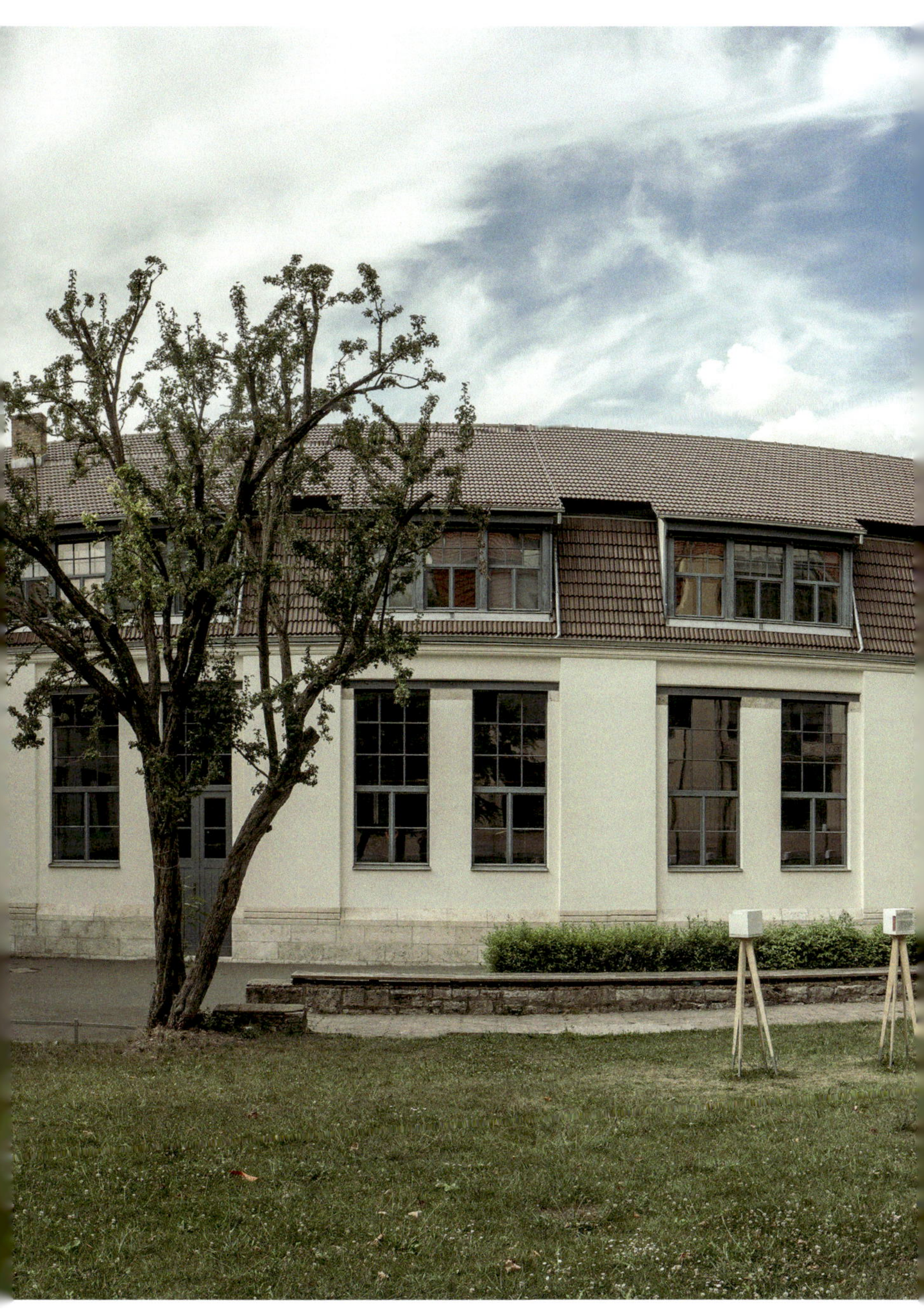

Das Werkstattgebäude der Bauhaus-Universität Weimar

Oskar Schlemmer: *Das Staatliche Bauhaus*

nach der Katastrophe des Krieges gegründet um die schöpferischen Kräfte des jungen Deutschland aufzurufen und das neuerstehende Ideal zu realisieren: Wiedervereinigung aller werkkünstlerischen Disciplinen Bildhauerei, Malerei, Kunstgewerbe und Handwerk zu einer neuen Baukunst, bedeutete: Aufhebung der Akademien oder deren Vereinigung mit den Kunstgewerbeschulen, um sie beide vor dem Abweg der Specialisierung und Isolierung zu bewahren und für alle grossen Stilepochen wesentliche Einheit der Künste, die grosse Synthese alles Kunstschaffens herzustellen. Die Baukunst als Führerin sollte die zerstreuten Kräfte einen und sie mit bauendem, aufbauendem Geist erfüllen. Wo es um Aufbau geht, um Vernichtung von tot und steril gewordenem Alten ist natürlicherweise Kampf. Wo Kampf ist, ist Leben und Kraft.

Unter den Künsten ist es vor allem die Malerei, um die der Streit entbrannte, weil sie gemäß ihrer Unabhängigkeit die Konsequenzen am kühnsten zu ziehen im Stande war. Sie ist es, die noch heute im Brennpunkt der Entwicklung steht und während nach einer Blütezeit der französischen Malerei diese heute in einem klassizistischen Neu-Naturalismus auszulaufen scheint, wird sie anderen Orts ad absurdum geführt und endet in völliger Verneinung. Der politische Streit hat seine Parallelen in der Kunst und das Gefüge des Staats entspricht den Gliederungen des geistigen Lebens. Die deutsche Kunst hat heute eine Mission; es fällt ihr die Mittlerrolle zu, die Gegensätze auszugleichen oder zu verbinden. Wieder einmal scheint Weimar der Schauplatz von Entscheidungen zu werden. Nicht zufällig liegt es im Herzen Deutschlands wie dieses inmitten Europas. Glück und Tragik der deutschen Kunst liegen darin beschlossen.

Die Vorgänge in der Kunst der jüngsten Vergangenheit waren diese: mit dem traditionellen Ideal der Naturnach-

ahmung wurde gebrochen zu Gunsten der Eroberung der reinen Form und der reinen Farbe. Die Quellen und Wurzeln alles Schaffens wurden gesucht und alles Erste, Primäre neu entdeckt; der Sinn für die Urelemente des Unbewussten, Undeutbaren in den Künsten der geistig Armen, der Neger, Bauern, Kinder und Irren erwachte ebenso wie der Gegenpol erstarkte: Mathematik und die Wissenschaften. Es wurde der Boden bereitet, der eine neue Kunstgesinnung tragen sollte. Es war ein ebenso starker Aufstieg des Metaphysischen wie des Willens zum Gesetz. Die speculativen Ideen durchbrachen auch das seither Bildmäßige. Oelfarbe war nur ein Material im Bereich der künstlerischen Ausdrucksmittel, das in das Bild geklebte Zeitungspapier der erste Schritt zur Erkenntnis der Herrlichkeit des Materials: eine Inbrunst der Ausdrucksmittel entstand wie zu Zeiten der Altarmalerei. Mit zunehmender Abstraktion wuchs die Fülle der Möglichkeiten, aber auch die Gefahr ästhetischer Spielerei und leerer Decoration. Der neuen Freiheit fehlte die Bindung, die in Sinngebung und Zweckbestimmung lag. Diese bestimmt durch die Bedürfnisse des Lebens und der Seele geben deren Einheit auch ihren Gegenständen: Wohnstätte und Tempel. Ihre Gestaltung in der Vielfältigkeit der Teile, Erscheinungen und Bedingungen macht sich das Bauhaus zur Aufgabe, was bedingt, dass das Fundament nicht breit genug genommen werden kann, um das Ganze zu fassen.

Heute ist das Bauhaus gewillt aus seiner bewußt geübten Zurückhaltung herauszutreten, die nötig war um im Wirrsal dieser Zeit Grund zu legen, zu klären und sich zu festigen. Der Wille ist da, sich schaffend, helfend und dienend in den Dienst der Allgemeinheit zu stellen. Wir appellieren an sie in einer verzweifelnden Zeit, die positiven Impulse einer neuen Generation zu achten, ihnen zu vertrauen und sie zu stützen.

ThHStAW, BH Nr. 30, Bl. 10–11 (Typoskript), Bl. 1f. (Manuskript)

Oskar Schlemmer: *Ausstellung des Staatlichen Bauhauses Sommer 1923*

Das Bauhaus ist gewillt aus seiner dreijährigen Reserve, die nötig war Grund zu legen und zu klären, herauszutreten und sich schaffend, helfend und dienend in den Dienst der Allgemeinheit zu stellen. Wir haben es heute in der Hand, Weimar zu einer Centrale neuer Deutscher Kunst zu machen. Der Wille ist da. Was uns hemmte, sind die immer wachsenden wirtschaftlichen Schwierigkeiten,

aber wir glauben und hoffen, wenn wir die Welt auf uns aufmerksam machen, Freunde und Helfer zu gewinnen und nicht zuletzt auch den Staat zu entlasten. Deshalb ist jetzt die Stunde, wo über das Bauhaus-Schicksal entschieden werden muss. Wir brauchen die volle Unterstützung der Regierung- und Stadtbehörden, von ihr hängt unsere Zukunft ab.

Das Bauhaus, dessen höchste Aufgabe es ist, die Zusammenfassung der bildnerischen Kräfte der jungen Kunst zu vollbringen, wird sich dokumentieren müssen als Schule, als Werkstatt und als Stätte freier Kunst. Als Ganzes und auf jedem dieser Gebiete hat es eine Mission in der Welt.

1) Notwendig sind also Räume zur Ausstellung und Darstellung des Lehrgangs am Bauhaus als <u>Schule</u>. Arbeiten des Vorkurses zur Vorbereitung auf die handwerkliche und überhaupt künstlerisch-schöpferische Tätigkeit. Dies erstmals im ganzen Umfang und rechten Lichte zu zeigen ist von <u>programmatischer</u> Bedeutung für den Kunsterziehungsunterricht.

2) Da das grosse Einigende der Werkstätten bisher fehlte: Da muss erstmals diese Zusammenarbeit gezeigt werden können, die Sinn und Wesen der Bauhausarbeit ausmacht. Von einer Ausstellung des Bauhauses wird der Hausbau erwartet. An ihm und in ihm ist die einzige Möglichkeit, die zerstreuten Kräfte der Werkstätten zu einen und aus der Gefahr der Zersplitterung und des Dilettantismus zu reissen durch Zweckgebundenheit aller Produkte. Wir dürfen und wollen nicht nach Art der Kunstgewerbeschulen ein Warenlager von unzusammenhängenden nützen oder unnützen Gegenständen ausstellen.

Die Schlossräume z. B. sind deshalb für diesen Zweck unzureichend für uns, weil sie uns immer wieder nur Surrogat sein können. Gegebene, zudem ungünstige Räume schliessen das erste, die Raumgestaltung aus und drücken von vorne herein allem Weiteren den Stempel des Compromisses auf. Zudem haben die Werkstätten der Aussengestaltung Steinbildhauerei vor allem keine Wirkungsmöglichkeit.

Wir wollen einfache, gediegene Räume schaffen, die vorbildlich sein können und werden sollen für das Wohnen und Leben des heutigen Menschen. Allein eine Kücheneinrichtung wäre eine dankbare Aufgabe für Tischlerei und Metallwerkstätte.

3) Wenn wir ferner den Grundsatz des Gesamtkunstwerkes von Architektur, Malerei und Plastik treu bleiben und hierin eine Leistung aufweisen wollen, bedürfen wir einer Gelegenheit, die repräsentative Seite der Kunst zu zeigen. Das Vestibül des Kunstschulgebäudes schreit förmlich nach einer Lösung und Ausgestaltung. Hier wäre eine Zusammenwirkung von Bildhauerei und Wandmalerei grösseren Stils möglich. Auch hier hat das Bauhaus eine Mission, wenn wir nicht wieder resigniert in die Bildermalerei zurücksinken wollen, sondern vielmehr die Malerei und Plastik zu den Funktionen erheben, die sie zu grossen Zeiten hatte. Teil der Architektur als Raum- und Wandgestaltung.

4) eine denkbar wünschenswerte Aufgabe ist ferner die Gestaltung des Gartenplatzes vor dem Werkstattgebäude der Kunstschulstraße [heute Geschwister-Scholl-Str.]. *Hier könnte ein Stück Gartenkunst, verbunden mit kleinen architektonischen Anlagen, Nischen und Bänken geschaffen werden. Heute ist es ein leerer, toter Platz, zwecklos, unbegangen.*

5) Ein weiterer Plan ist eine erste internationale Kunstschau in Weimar zu zeigen. Es wäre die Möglichkeit von

Künstlern und Privatsammlungen vermöge der Verbindungen der Meister des Bauhauses, die wesentlichsten Bilder moderner Kunst gesammelt zu zeigen. Eine solche Ausstellung wäre von kunstgeschichtlichem Wert und ihre Bedeutung sicher. Für diese Ausstellung brauchen wir die nötigen repräsentativen Räume, am besten im Museum.

6) In einer besonderen Bauhauswoche sind geplant:

Aufführungen der Bühnenwerkstatt des Bauhauses, dramatischer und heiterer Art. Tanz, Marionettentheater, Schattenspiele. (Theater Jena)

Vorträge über die Bauhausbestrebungen, über Architektur, Kunst, Handwerk, Schule, Erziehung.

Musikalische Veranstaltungen im Zusammenwirken mit der Hochschule für Musik.

Ein Fest der Bauhäusler mit Lampion und Tänzen im Park oder in Dornburg.

7) Zuletzt sei die Idee erwähnt, ein Kino einzurichten, der [sic!] *erste gute Filme pädagogischer Art aus Natur, Wissenschaft und Technik vorführt, wobei wir ein*[em] *Bedürfnis der Schulen von Stadt und Land sicher entgegenkämen, zweitens uns selbst ermöglichen soll, Versuche auf dem entwicklungsreichen Gebiet des Kinos zu unternehmen. (Die Hochschule für Bildende Kunst in Berlin hat 5 grosse Ateliers zu solchen Versuchen zur Verfügung gestellt.) 1/11/22* [1. Nov. 1922]

ThHStAW, BH Nr. 30, Bl. 8ff. (3 Blätter, Typoskript, Datierung unten links auf dem letzten Blatt) mit gedrucktem Informationsblatt (Bl. 12f.). Das Statement findet sich auch in einer weiteren Abschrift in ThHStAW, BH Nr. 35, Bl. 36–38.

Manifest zur Bauhausausstellung

Aus seinen Vorüberlegungen und Konzepten zur Bauhausausstellung 1923 resultierte auch der nachfolgende Text (S. 134 bis 136), das umstrittene, sogenannte *Manifest zur Bauhausausstellung,* das Schlemmer für die von ihm selbst gestaltete Werbebroschüre verfasste. Der Text ging als Bestandteil des vierseitigen, farbigen Werbeblattes in den Druck. Es war Schlemmers Formulierung *„die Kathedrale des Sozialismus“*, die völlig aus dem Zusammenhang gerissen am Bauhaus auf Kritik stieß, was dazu führte, dass die Textseiten dann aus dem Werbeblatt herausgenommen wurden. Einige vollständige Exemplare gelangten trotz dieser Vorkehrungen an die Öffentlichkeit und lösten heftige Angriffe gegen das angeblich politisierende Bauhaus aus. Winkler und Preiß bezeichnen Schlemmers Manifest als eines der eindrucksvollsten programmatischen Texte und nahmen es in ihre Sammlung *Weimarer Konzepte* auf. Sie urteilen, Schlemmers Manifest stünde ideologisch bereits in der Folgezeit des Bauhauses und trüge im Sprachduktus jedoch noch stark expressive Züge.

Wie Schlemmer rückblickend noch am Bauhaus Dessau (9. April 1927) in seinem Tagebuch notiert, hatte er das Bauhaus keineswegs mit einer *„Kathedrale des Sozialismus“* gleichsetzen wollen. Überlesen wurde das davorstehende Wort *„zunächst“*. Schlemmer hatte vielmehr die Absicht, die Entwicklung des Bauhauses darzustellen. Dies tat er allerdings in der ihm eigenen Art und Weise, die Dinge recht häufig stichpunktartig zu benennen und aneinander zu reihen. Schlemmer: *„Es braucht nicht geleugnet zu werden, daß sich im Bauhaus die Geister bewegten und bewegen und daß es demzufolge ein Stück Zeit und Geschichte spiegelt.“*[175]

175 (9. April 1927) zit. n. Beilfuß 2014, S. 100f.

Oskar Schlemmer: *Das Staatliche Bauhaus in Weimar* *ist die erste und bisher einzige staatliche Schule des Reiches wenn nicht der Welt, welche die schöpferischen Kräfte bildender Kunst aufruft zu wirken während sie lebendig sind und zugleich mit der Errichtung von Werkstätten auf handwerklicher Grundlage deren Verbindung und fruchtbare Durchdringung erstrebt mit dem Ziel der Vereinigung im Bau. Der Bau und die Beziehung aller Teile auf ihn soll die in Specialisierung und Isolierung der Akademien und Kunstgewerbeschulen verlorene Einheit wiederbringen, die zersplitterten Kräfte zusammenfassen und in einem höchsten Sinn das Gesamtkunstwerk ermöglichen. Das Ideal ist alt, seine Fassung immer wieder neu; die Erfüllung ist der Stil und nie war der Wille zum Stil mächtiger als heute. Aber die Verwirrung der Geister und Begriffe macht, daß Kampf und Streit um sein Wesen ist, daß aus dem Zusammenprall der Ideen heraus sich bilden wird als die neue Schönheit. Eine solche Schule, bewegend und in sich selbst bewegt, wird ungewollt zum Seismographen der Erschütterungen des politischen und geistigen Lebens der Zeit und die Geschichte des Bauhauses wird zur Geschichte gegenwärtiger Kunst.*

Das Staatliche Bauhaus, gegründet nach der Katastrophe des Krieges, im Chaos der Revolution und zur Zeit der Hochblüte einer gefühlsgeladenen explosiven Kunst, wird zunächst zum Sammelpunkt derer, die zukunftsgläubig-himmelstürmend die Kathedrale des Sozialismus bauen wollen. Die Triumphe von Industrie und Technik vor dem Krieg, deren Hochzeit der Vernichtung während desselben riefen noch einmal eine leidenschaftliche Romantik wach um Materialismus, wie Mechanisierung von Kunst und Leben entscheidend zu begegnen. Die Not der Zeit war auch die Not der Geister. Ein Kult des Unbewußten, Undeutbaren, ein Hang zur Mystik und Sektiererei entsprang dem Suchen nach den letzten Dingen, die in einer Welt voll Zweifel und Zerrissenheit um ihren Sinn gebracht zu werden drohten. Der Durchbruch der ästhetischen

Bezirke verstärkte die Grenzenlosigkeit des Fühlens, die in der Entdeckung des Ostens und der Künste der Neger, Bauern, Kinder und Irren Nahrung fand. Der Ursprung künstlerischen Schaffens wurde ebenso gesucht wie seine Grenzen kühn erweitert. Eine Inbrunst der Ausdrucksmittel entstand wie auf den Bildern der Altäre. Doch Bilder und immer wieder Bilder sind es, in die sich die entscheidungsvollen Werte flüchten. Als Höchstleistungen individueller Übersteigerung, fessellos und unerlöst zugleich, mußten sie der proklamierten Synthese, außer der Einheit des Bildes selbst, alles schuldig bleiben. Das biedere Handwerk tummelt sich in exotischer Lust am Stoffe und die Baukunst türmt Utopie auf Papier.

Die Umkehrung der Werte, Wechsel von Standpunkt, Name und Begriff ergibt das Gegenbild, den nächsten Glauben. Dada, Hofnarr in diesem Reiche, spielt Ball mit Paradoxen und macht die Atmosphäre frei und leicht. Amerikanismus auf Europa übertragen, die neue in die alte Welt gekeilt, Tod der Vergangenheit, dem Mondschein und der Seele, so schreitet mit Eroberergeste die Gegenwart einher. Vernunft und Wissenschaft, „des Menschen allerhöchste Kraft" sind die gekrönten Häupter und der Ingenieur ist der gelassene Vollstrecker der unbegrenzten Möglichkeiten. Gott ist der Mensch, Religion ein Logarithmus, Kunst die exakte Denkmethode, ihr Wirkungskreis die Werkstatt der Fabrik. Mathematik, Konstruktion und Mechanismus sind die Elemente der modernen Phänomene aus Eisen, Beton, Glas, Elektrizität. Organisation des Unorganischen, Entmaterialisierung der Materie, Geschwindigkeit des Unlebendigen erzeugen Wunder der Abstraktion. Film, Flugzeug, flüssige Luft. Gegründet auf Naturgesetze sind sie das Werk des Geistes gegen die Natur, gegründet auf die Macht des Kapitals ein Werk des Menschen gegen Menschen. Er selbst, der Selbstbewußte und Vollkommene, muß sich gefallen lassen, an Künstlichkeit von jeder Puppe übertrumpft zu werden und harrt, halb Schreck halb Staunen auf das Resultat der Wissenschaft, die ihm auch Geist in

Reinkultur serviert. Dada grinst …

Goethe: „Wenn die Hoffnungen sich verwirklichen, daß die Menschen sich mit allen ihren Kräften, mit Herz und Geist, mit Verstand und Liebe sich vereinigen und von einander Kenntnis nehmen, so wird sich ereignen, woran jetzt noch kein Mensch denken kann aus [Schlemmer zitiert Goethe hier aus zwei unterschiedlichen Texten, aus: Maximen und Reflexionen] *Allah braucht nicht mehr zu schaffen, wir erschaffen seine Welt.*" [und: West-östlicher Divan] *Es ist die Synthese, die Zusammenfassung, Steigerung und Verdichtung alles Positiven zur starken Mitte. Die Idee der Mitte, fern von Halbheit und Schwäche, verstanden als Waage und Gleichgewicht wird zur Idee der deutschen Kunst. Deutschland, Land der Mitte, und Weimar, Herz in diesem, ist nicht zum ersten Mal Schauplatz geistiger Entscheidung. Es geht um die Erkenntnis dessen, was uns gemäß ist, um uns nicht ewig zu verlieren. Aktivistischer Idealismus, welcher Kunst, Wissenschaft und Technik umfaßt und Idealismus, welcher Kunst, Wissenschaft und Technik umfaßt und gleichermaßen durchdringt und der in Forschung, Lehre, Arbeit sich auswirkt, wird den Kunst-Bau des Menschen aufführen, der zu dem Weltgebäude nur ein Gleichnis ist. Wir können heute nicht mehr tun, als den Plan des Ganzen zu bedenken, Grund zu legen und die Bausteine zu bereiten. Aber Wir sind! Wir wollen! Und wir schaffen!*

ThHStAW, BH Nr. 30, Bl. 3–5; (Typoskript ohne Datierung); in etwas überarbeiteter Form dann gedruckt im Programm zur Bauhausausstellung 1923 (siehe Winkler und Preiß: Weimarer Konzepte, S. 132–133).

ZEITTAFEL ZU OSKAR SCHLEMMER

1888 Oskar Schlemmer (geb. am 4. September 1888 in Stuttgart) war das jüngste von sechs Kindern. Seine Eltern waren der Kaufmann und Komödiendichter Carl Leonard Schlemmer und seine Frau Luise Wilhelmine, geborene Neuhaus.

1902 Der Vater starb, als Oskar Schlemmer 14 Jahre alt war und die Mutter nur wenig später. Schlemmer lebte bei seinen älteren Schwestern Wilma und Henrietta in Göppingen und besuchte dort die Realschule.

1903–1905 Der Kunstlehrer hatte Schlemmers zeichnerische Begabung erkannt und bestärkte ihn darin, eine künstlerische Ausbildung aufzunehmen. Daraufhin lernte Schlemmer den Beruf des Kunstgewerbezeichners in der Intarsienwerkstatt Wölfel & Kiessling in Stuttgart.

ab 1906 Besuch der Stuttgarter Kunstgewerbeschule für ein Semester. Ein Stipendium ermöglichte ihm anschließend ein Studium an der Stuttgarter Akademie für Bildende Künste.

1910–1912 Schlemmer ließ sich von der Akademie beurlauben und ging als freischaffender Künstler nach Berlin. Gemälde im Stil des Kubismus entstanden dort, unter anderem die frühen Selbstporträts, Stillleben, Interieurs und das Landschaftsbild *Jagdschloß im Grunewald*.

1912/13 Rückkehr an die Stuttgarter Akademie. Meisterschüler bei Professor Adolf Hölzel.

1913–1914 Oskar Schlemmer eröffnete gemeinsam mit seinem Bruder Wilhelm[176] 1913 einen Kunstsalon am Neckartor in Stuttgart. Aber bereits nach wenigen Monaten musste die Galerie wieder schließen, da die avantgardistischen

Kunstausstellungen kein positives Echo in der Presse fanden und der ersehnte Erfolg ausblieb.

1914 Professor Adolf Hölzel übertrug den Auftrag, zur Deutschen Werkbundausstellung 1914 Wandbilder für die Vorhalle der Ausstellung in Köln zu malen, seinen Schülern Oskar Schlemmer, Willi Baumeister und Hermann Stenner. Diese jungen Arbeiten erregten auch die Aufmerksamkeit von Walter Gropius. Kurz nach Ausbruch des Ersten Weltkriegs 1914 meldete sich Schlemmer freiwillig zum Einsatz an der Front. Im Oktober 1914 wurde er an der Westfront verwundet und ins Lazarett eingeliefert.

1915 Im Juni an die Ostfront entsendet, dort erneut verwundet und kam darauf ein zweites Mal ins Lazarett. Den Winter über hatte Schlemmer Fronturlaub und schuf in dieser Phase die Arbeiten *Figur von der Seite*, *Komposition auf Rosa* und *Figur von vorn*.

1916–1918 Stationierung beim Militär in einer Vermessungsabteilung im elsässischen Mühlhausen und Colmar.

1918 Im Juni stellte er gemeinsam mit Willi Baumeister im Stuttgarter Kunsthaus Schaller aus. Das Ende des Krieges am 11. November und die Novemberrevolution erlebte Schlemmer in Berlin.

1919 Zurück an der Stuttgarter Akademie nahm Schlemmer sein Meisterstudium wieder auf und wurde Mitglied im Studierendenausschuss. In dieser Funktion setzte er sich für die Berufung von Paul Klee als Nachfolger von Prof. Adolf Hölzel an der Stuttgarter Akademie ein, die Bemühungen der Studentenschaft scheitern jedoch an dem

Widerstand der alteingesessenen Professoren. Gemeinsam mit Willi Baumeister und weiteren Kunstschaffenden in Stuttgart gründete Schlemmer die „*Üecht-Gruppe*“[177]. Sie stellte im Herbst im Württembergischen Kunstverein in Stuttgart erstmals gemeinsam aus.

1920 Schlemmer verließ im April die Kunstakademie und zog nach Cannstatt. Dort widmete er sich seiner Arbeit am *Triadischen Ballett*. Im Oktober heiratete er Helena Tutein und wurde im Dezember von Walter Gropius an das Staatliche Bauhaus nach Weimar berufen.

ab 1921 Mit Jahresbeginn Meister am Staatlichen Bauhaus in Weimar.

ab 1923 Oskar Schlemmer übernahm die Bühnenwerkstatt am Bauhaus in Weimar.

1925 Umzug mit dem Bauhaus nach Dessau.

1926 Auftritt der Bauhausbühne zur Eröffnung des Bauhauses in Dessau (1926).

ab 1929 Schlemmer verließ das Bauhaus Dessau. Er wurde an die preußische Kunstakademie in Breslau berufen.

1932 An den fünf preußischen Akademien in Breslau, Königsberg, Kassel, Düsseldorf und Berlin herrschte Sparzwang. Dies führte zur Schließung der Standorte Breslau, Königsberg und Kassel. Schlemmer musste daher an die verbleibende Berliner Akademie, die Vereinigten Staatsschulen für freie und angewandte Kunst in Berlin-Charlottenburg, wechseln.

ab 1933 Für Schlemmer brach eine Welt zusammen: Sein Künstlerfreund Otto Meyer-Amden starb und er selbst bekam den eisigen Wind nationalsozialistischer Kunstfeindlichkeit zu spüren. Einige seiner Berliner Kollegen diffamierten ihn im April 1933. Er wurde fristlos entlassen. Für Schlemmer begann eine düstere Zeit, er übermalte frühere Bilder teils dunkel, nahm verschiedenste Tätigkeiten an und „schlug sich durch".

1942 Schlemmer erkrankte an Hepatitis, zudem wurde Diabetes diagnostiziert. Sein Gesundheitszustand verschlechterte sich.

1943 Während eines Aufenthalts in einem Sanatorium in Baden-Baden starb Schlemmer am 13. April 1943. Er wurde auf dem Stuttgarter Waldfriedhof bestattet. Sein Grab schmückt eine schlichte, helle, kleine Steinplatte mit einer einzigen schwarzen Gravur: Oskar Schlemmers Unterschrift.

176 Wilhelm Schlemmer war später Lehrer und Leiter der Klasse für Buchbinderei an der Württembergischen Staatlichen Kunstgewerbeschule in Stuttgart.

177 *Üecht* (altdeutsch) bedeutet Morgendämmerung.

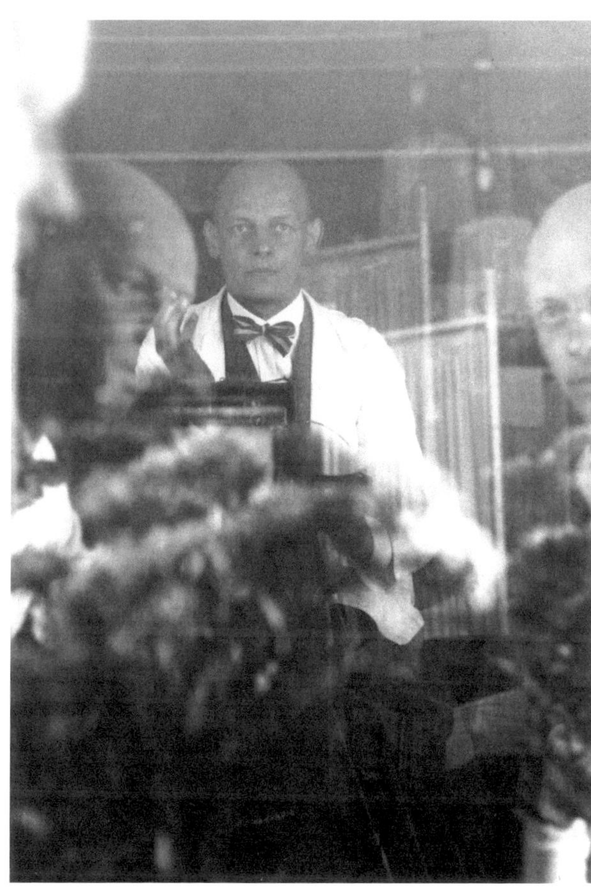

Selbstportrait (1925), Oskar Schlemmer in der Wohnung Prellerstraße, Gelatine-Silberdruck, J. Paul Getty Museum, L. A. (USA)

WEIMAR

Die Bauhausstätten in Weimar und Dessau sind seit 1996 Weltkulturerbe der UNESCO. Das Ensemble besteht aus den von dem belgischen Künstler und Architekten Henry van de Velde erbauten Hochschulgebäuden, dem 1 *Hauptgebäude* (1904–11) und dem 2 *Werkstattgebäude* (1905–06). Das Hauptgebäude, einer der bedeutendsten Kunstschulbauten der Jahrhundertwende, war 1919 Gründungsort des Bauhauses. Im seitlichen Treppenhaus sind hier Wandgemälde von Herbert Bayer zu sehen sowie nach Voranmeldung das nach Originalplänen rekonstruierte Büro von Walter Gropius. Das Werkstattgebäude entwarf Henry van de Velde für die von ihm geleitete Großherzoglich-Sächsische Kunstgewerbeschule Weimar. Mit seinem Nachfolger und Bauhausgründer Walter Gropius zog hier von 1919 bis 1925 das *Staatliche Bauhaus Weimar* ein. Heute ist hier die Fakultät Gestaltung der Bauhaus-Universität Weimar untergebracht. Werfen Sie einen Blick in den Eingangsbereich und das Treppenhaus: Aus der Zeit des Bauhauses sind hier Arbeiten von Oskar Schlemmer, rechts und links der kleinen Treppe

• Hauptgebäude (erbaut 1904–11)

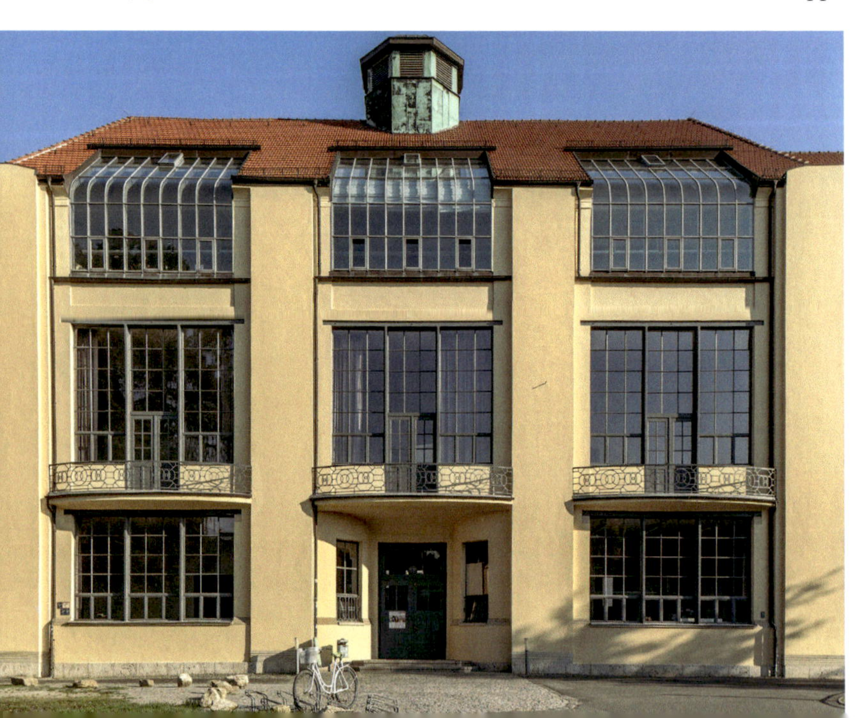

zwei Reliefs und eine Wandmalerei im Halbrund des Treppenaufgangs, zu sehen. Die Werke gestaltete Schlemmer ursprünglich zur Bauhausausstellung 1923. Mit dem aufkeimenden Nationalsozialismus ließ der neue Hochschuldirektor Paul Schultze-Naumburg 1930 gemäß seiner radikalen Haltung und seiner zu dieser Zeit anti-modernistischen Kunstauffassung die Wandarbeiten von Oskar Schlemmer entfernen. Sie wurden 1979/80 rekonstruiert.

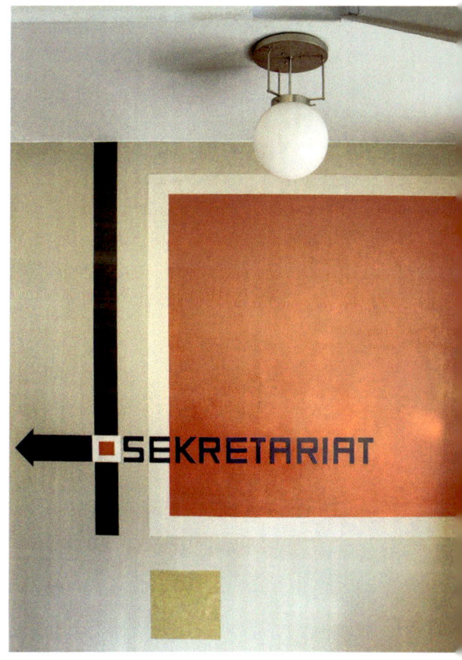

• Wandgestaltung des Bauhausschülers Herbert Bayer (1923)

• Werkstattgebäude (erbaut 1905/06)

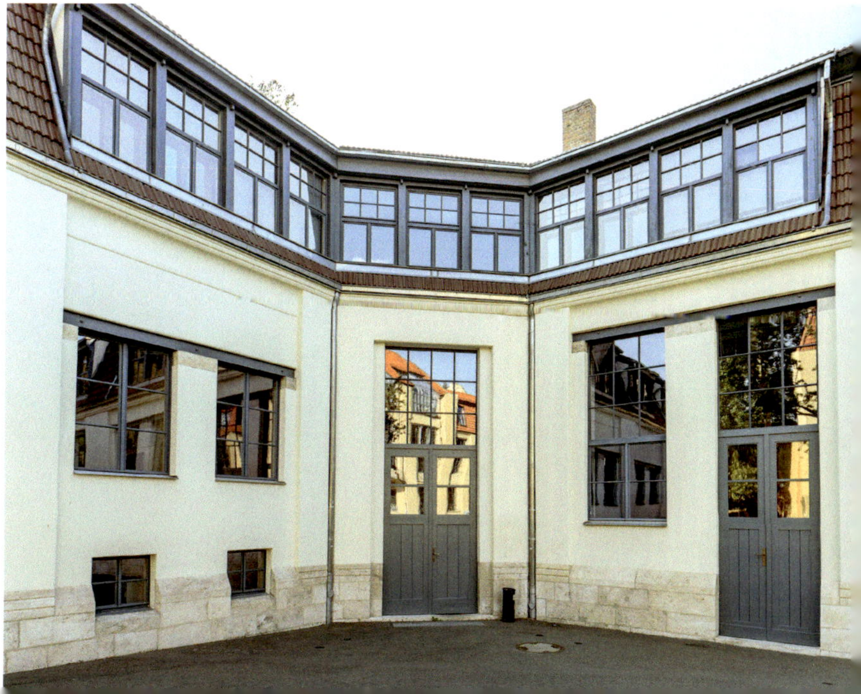

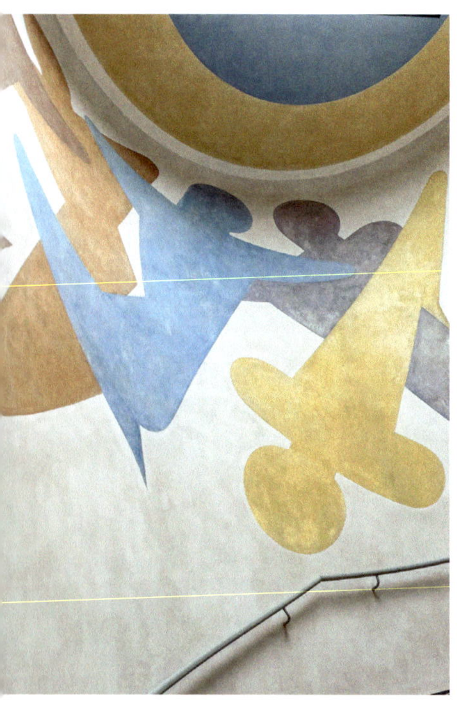

• Relief von Oskar Schlemmer im Werkstattgebäude (Rekonstruktion Peter Mader, Hubert Schiefelbein 1979)

Zu den Bauhausstätten des Weltkulturerbes in Weimar und Umgebung zählen zudem das Brendel'sche Atelier (ehemalige Bauhaus-Mensa), das als Versuchsbau des Bauhauses errichtete *Haus Am Horn* sowie die keramische Werkstatt des Staatlichen Bauhauses, die sich außerhalb der Stadt in den Dornburger Schlössern befand.

Bauhaus-Universität Weimar
Geschwister-Scholl-Straße 7–8
99423 Weimar

3 Brendel'sches Atelier

Das Atelier des Tiermalers und Vertreters der Weimarer Malerschule Albert Brendel (erbaut 1886) diente den Bauhäuslern von 1919 bis 1925 mit einem Küchenanbau als Mensa. Die Bauhaus-Universität Weimar bietet Besuchern speziell geführte Bauhausspaziergänge an, die hier gebucht werden können.

Bauhaus.Atelier | Info Shop Café
Besucher- und Informationszentrum
Bauhaus-Universität Weimar
Geschwister-Scholl-Straße 6a
99423 Weimar

Die von Oskar Schlemmer zeitweise geleitete Werkstatt für Steinbildhauerei war im Werkstattgebäude der Hochschule untergebracht. Ihre Ateliers wechselten die Bauhausmeister oftmals aufgrund von Raummangel. Ein historisches Ateliergebäude, das 4 *Prellerhaus* (1870), durch den Weimarer Maler Louis Preller als Atelierhaus errichtet, befindet sich an der heutigen Bauhaus-Universität

Weimar und wurde kürzlich restauriert. Im 16 ehemaligen *Reithaus* im Park an der Ilm fanden die berühmten Vorkurse am Bauhaus statt.

Auf dem historischen Friedhof in Weimar steht das 6 *Denkmal für die Märzgefallenen* aus dem Jahre 1920. Der Entwurf stammt von Walter Gropius. Das Denkmal erinnert an die im Kapp-Putsch gefallenen Arbeiter. Nachdem es von den Nationalsozialisten zerstört worden war, wurde nach dem Zweiten Weltkrieg eine Replik errichtet.

Die Bauhausmeister wohnten in Weimar zumeist in den großzügigen Wohnungen der Gründerzeithäuser. So lebte Wassily Kandinsky 7 gemeinsam mit seiner Frau Nina im zweiten Stock in der heutigen Wilhelm-Külz-Str. 3, Paul Klee 18 gemeinsam mit Frau Lily und Sohn, dem damals jüngsten Bauhausschüler, Felix Klee in einer geräumigen Vier-Zimmer-Wohnung mit elektrischem Licht Am Horn 53. Johannes Itten 17 wohnte mit seiner Familie in der Wilhelmsallee (heute Leibnizallee 1). Oskar Schlemmer sprach von *„einer herrschaftlichen Wohnung in einer neo-barocken Villa"* von Baumeister Rudolf Zapfe aus den

• Brendel'sches Atelier im Hintergrund das Prellerhaus

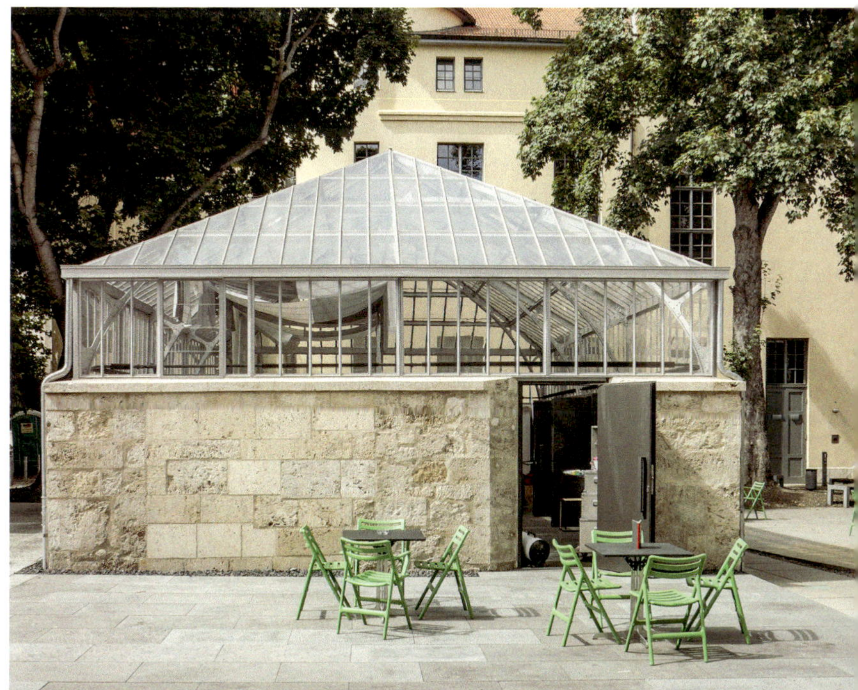

Jahren 1906/07. Der Architekt und Bauunternehmer Zapfe bestimmte maßgeblich das Stadtbild in Weimar durch den Bau von Hunderten von Gebäuden, darunter zahlreichen Villen und Mietshäusern im Stil des Historismus und des Jugendstils. Oskar Schlemmer 8 selbst wohnte mit seiner Familie in der Prellerstraße 14 im zweiten Stock. Sein Bruder 5 Carl Schlemmer, der als Werkmeister am Bauhaus in der Wandmalerei mitarbeitete, bewohnte ein Hinterhaus ganz in der Nähe der Hochschule in der Kunstschulstraße 3 (heute Geschwister-Scholl-Straße). Die Nr. 3 und das Hinterhaus existieren heute nicht mehr. 15 Lothar Schreyer, 1921–1923 Leiter der Bühnenwerkstatt, wohnte in der Ackerwand 27. Der jüngste Bauhausmeister Georg Muche 9 bewohnte den rechten Teil der ersten Etage in der Steubenstr. 40. Bauhausdirektor Walter Gropius residierte während der Gründungsphase des Bauhauses im Hotel Elephant und bezog dann von 1920 bis 1925 im Eckgebäude an der Steubenstraße 32/Ecke Gropiusstraße eine Wohnung im zweiten Stock. Im Weimarer Adressbuch von 1924

• Walter Gropius: *Denkmal für die Märzgefallenen* (1920), Replik (1946)

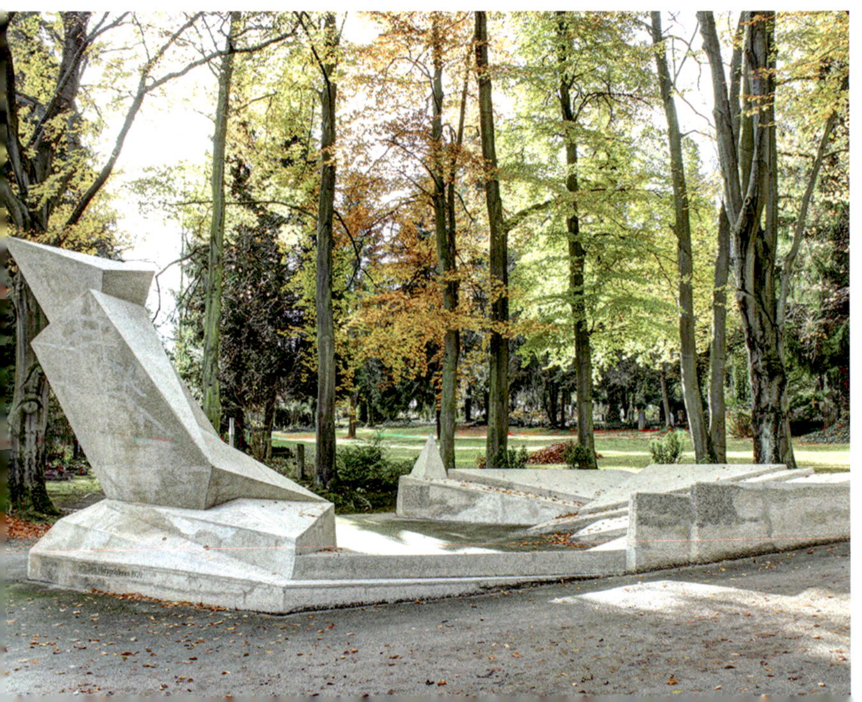

ist ein privater Telefonanschluss verzeichnet. In seine Wohnung lud Gropius 10 regelmäßig Studierende zu Leseabenden ein. Die Bauhäusler trafen sich in ihrer Freizeit gerne unter dem 20 *Liszt-Denkmal* im Park an der Ilm und zum Feiern der berühmten Bauhaus-Feste in der B Gaststätte *Ilmschlösschen* in der Taubacher Str. 25 in Oberweimar.

Das heutige 13 Kulturzentrum *mon ami* am Goetheplatz 11 war früher die Schankwirtschaft *„Zur Erholung"*, auch kurz *„Erholung"* genannt, ein Konzert- und Ballhaus. Das Gebäude (1856–60) entstand nach einem Entwurf des Architekten Carl Ferdinand Streichhan für die *Erholungsgesellschaft*, einen bürgerlichen Geselligkeitsverein. An kulturellen Versammlungen und Vorträgen über Kunst nahmen hier auch die Bauhäusler teil. Am Abend des 15. August 1923 hielt Walter Gropius hier zum Auftakt der Bauhauswoche seinen berühmten Vortrag (mit Lichtbildern) *Kunst und Technik. Eine neue Einheit.* Weitere Vorträge von Wassily Kandinsky und dem niederländischen Architekten J. J. P. Oud folgten im Laufe der Woche. Am Sonntagabend ging die Bauhauswoche mit einem Lampionfest und einem Feuerwerk und Lichtspielen von Ludwig Hirschfeld-Mack, Musik der Bauhauskapelle und Tanz zu Ende. Man traf sich im Park am 22 *Liszthaus* und feierte anschließend in der 14 *Armbrust* in der Schützengasse 14. Das 1838 als Vereinshaus der Armbrustschützengesellschaft errichtete Gebäude mit Schießstand war ein bekannter Treffpunkt des Weimarer Bürgertums. Es verfügte über einen großen Saal. Heute befindet sich hinter der klassizistischen Fassade ein modernes Kino.

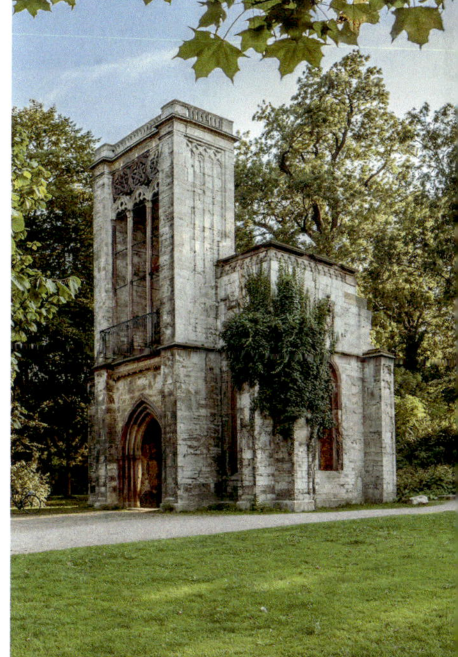

• Ruine des Tempelherrenhauses im Park an der Ilm

Oskar Schlemmer zeigte sein *Triadisches Ballett* im (11) *Deutschen Nationaltheater*. Während der Bauhauswoche 1923 wurden das in Zusammenarbeit mit den Tänzern Elsa Hötzel und Albert Burger ab 1912 in Stuttgart entstandene *Triadische Ballett* im Deutschen Nationaltheater Weimar am 16. August und *Das Mechanische Kabarett* im Stadttheater Jena am 17. August aufgeführt.

Tempelherrenhaus

Das alte Gewächshaus wurde 1786/87 zu einem „romantischen Salon" für den herzoglichen Hof und dann 1811 bis 1820 dem Geschmack der damaligen Zeit folgend in einen neugotischen Tempel umgebaut. Die schon aus den Ursprungsjahren stammenden hölzernen Plastiken, „Tempelherren" darstellend, gaben dem Gebäude seinen Namen. Der 1816 angefügte Turm geht wahrscheinlich auf einen Entwurf von Johann Wolfgang von Goethe zurück. Franz Liszt und Ferruccio Busoni gaben hier Konzerte, Johannes Itten nutzte es als Atelier und veranstaltete auf der Dachterrasse gymnastische „*Morgenübungen*". Es sind rauschende Feste des Bauhauses

• *Haus Am Horn*

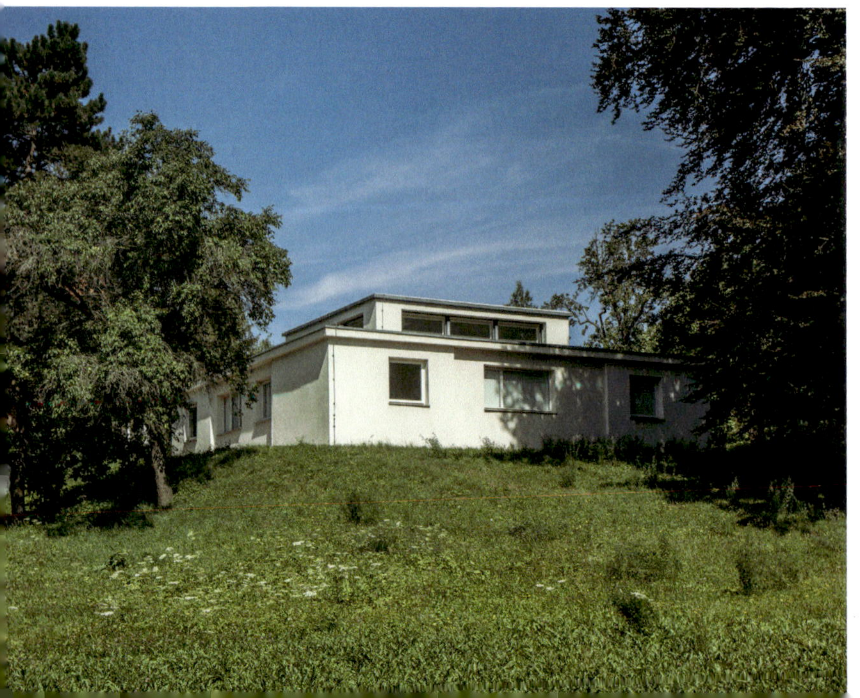

verbürgt. Im Zweiten Weltkrieg zerstörten Bomben das Haus, heute ist es eine 21 Ruine.

Haus Am Horn

Das 19 *Haus Am Horn* kann als der erste gebaute Architekturentwurf des Bauhauses gelten. Es entstand als Prototyp für die große Bauhaus-Ausstellung 1923, auf der die Meister und Schüler die Arbeiten des Bauhauses erstmals einer breiten Öffentlichkeit vorstellten. Während der Ausstellung war das Einfamilienhaus mit Möbeln, Einbauküche und Textilien aus den Bauhauswerkstätten ausgestattet. Georg Muche, er war der jüngste Meister am Bauhaus, entwarf das Haus als Wohnhaus. Muche orientierte sich dabei an der Raumkonzeption des „Wabenbaus", die mehrere kleine Räume um einen größeren zentralen Raum herum gruppiert. Ausgeführt wurde der Bau vom Baubüro Gropius unter der Bauleitung von Adolf Meyer. Den Planungen gingen Entwürfe für eine weitläufige Bauhaus-Siedlung mit Hochschul und Wohnbauten der Architekten Walter Gropius und Fred Forbát voraus. 1999 konnte das Haus mit Unterstützung öffentlicher Geldgeber und der Sparkassen-Finanzgruppe entsprechend des ursprünglichen Zustands rekonstruiert werden. Das Gebäude wird heute für temporäre Ausstellungen und als Veranstaltungsort genutzt.

Haus Am Horn
Am Horn 61
99425 Weimar
www.hausamhorn.de

Gedenktafel (1922)

Im Deutschen Nationaltheater fand die Nationalversammlung statt. Am 11. August 1919 wurde hier die Weimarer Verfassung verabschiedet und damit die erste deutschen Republik,

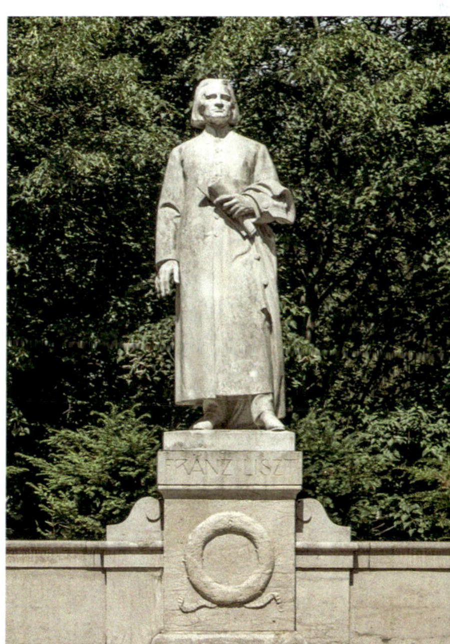

• Liszt-Denkmal, weißer Carrara-Marmor, von Hermann Hahn (um 1902)

die sogenannte „Weimarer Republik“ begründet. Außen am Theatergebäude erinnert eine Tafel 11 an die Nationalversammlung von 1919, diese gestaltete Walter Gropius nur drei Jahre später.

Bauhaus-Museum Weimar

Das 12a *Bauhaus-Museum* Weimar zeigt anhand von mehr als 200 Exponaten vor allem die Entwicklung des Staatlichen Bauhauses in Weimar (1919 bis 1925). Derzeit (2015) ist das Museum noch in einer Ausstellungshalle am Theaterplatz untergebracht. Den Eingangsbereich der Ausstellungshalle bildet das klassizistische Kulissenhaus von Clemens Wenzeslaus Coudray gegenüber dem Deutschen Nationaltheater. Ein Museumsneubau, geplant von der deutschen Architektin Heike Hanada, ist im Bau. Das neue Bauhausmuseum entsteht am 12b *Weimarhallenpark*. 2019 feiern Weimar, Dessau, Berlin und die gesamte Bundesrepublik Deutschland bis über die Landesgrenzen hinaus das 100-jährige Bauhausjubiläum.

Bauhaus-Museum Weimar
Theaterplatz 1 | 99423 Weimar
www.klassik-stiftung.de

• Schloss Belvedere in Weimar

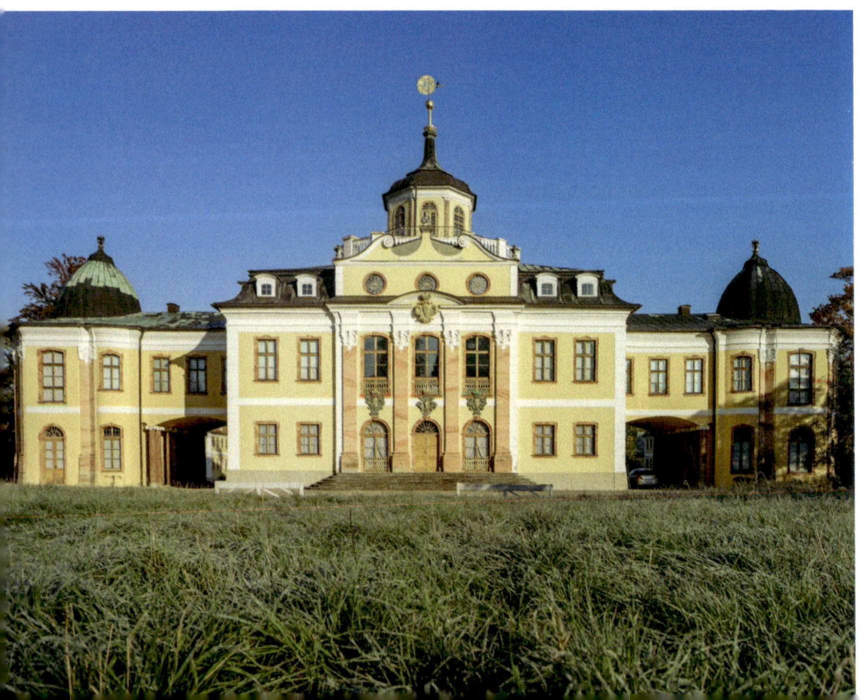

Schlosskomplex Belvedere

Im Süden von Weimar erhebt sich auf einer Anhöhe das Ⓐ *Schloss Belvedere*, umgeben von einem großen Park. Herzog Ernst August von Sachsen-Weimar und Eisenach ließ hier zwischen 1724 und 1748 eine barocke Sommerresidenz einschließlich einer Orangerie erbauen sowie einen Lust- und Irrgarten anlegen. Zur Zeit des Bauhauses fanden rauschende Bauhausfeste statt. Während seiner ersten Zeit in Weimar wohnte Oskar Schlemmer 1920 in einem der Kavaliershäuser. In welchem der vier Kavaliershäuser, die sich im Osten und Westen um das barocke Schlösschen herum gruppieren, Oskar Schlemmer ein Quartier bezog, ist nicht genauer überliefert.

DESSAU

Bauhaus-Gebäude

Das Bauhausgebäude, eine Ikone der Moderne, entstand 1925/26 nach Plänen von Walter Gropius. Der Gebäudekomplex besteht aus mehreren Gebäudeteilen, die Gropius ihrer jeweiligen Funktion entsprechend

• Bauhausgebäude in Dessau

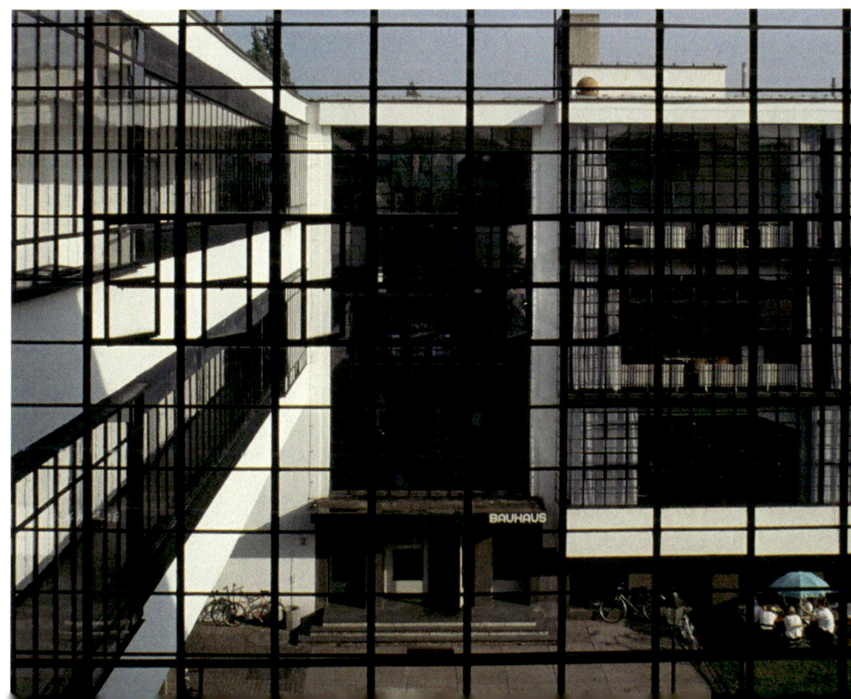

unterschiedlich gestaltete und asymmetrisch anordnete. Gropius weitete die Transparenz der Glasfassade des Werkstattgebäudes bis auf die Gebäudekanten aus. Insbesondere deshalb ist die Vorhangfassade (*curtain wall*) bis heute beeindruckend und zudem bleibt die Konstruktion mit den tragenden Stützen von außen erkennbar.

Die Verglasung vermittelt somit eine außergewöhnliche Leichtigkeit des dreigeschossigen Baukörpers, gleichsam eine „transparente Monumentalität". Das Bauhaus erhielt ab 1926 den Beinamen *Hochschule für Gestaltung*. Nachdem die NSDAP 1931 stärkste Partei in Dessau wurde und 1932 die Schließung des Bauhauses drohte, wich das Bauhaus nach Berlin in ein bestehendes Fabrikgebäude aus. 1933 löste Mies van der Rohe, der dritte und letzte Direktor, das Bauhaus hinsichtlich der politischen Entwicklungen in Deutschland endgültig auf.

Bauhaus-Gebäude
Gropiusallee 38
06846 Dessau-Roßlau
www.bauhaus-dessau.de

Meisterhaus Muche/ Schlemmer

Im Doppelhaus lebte Familie Schlemmer Seite an Seite mit Georg Muche (1926 bis 1927) und später mit Hinnerk Scheper (1927 bis 1932). Oskar Schlemmer wohnte hier mit seiner Frau Tut und seinen drei Kindern während seiner Dessauer Bauhauszeit (1926 bis 1929), zeitweilig lebte seine Familie im Ausland und er teilte sich das Haus mit Hannes Meyer und dessen Familie. Die Jungmeisterin und Leiterin der Webereiwerkstatt Gunta Stölzl (1897–1983) zog im November 1929 mit ihrer neugeborenen Tochter Yael in das Atelier und einen Nebenraum

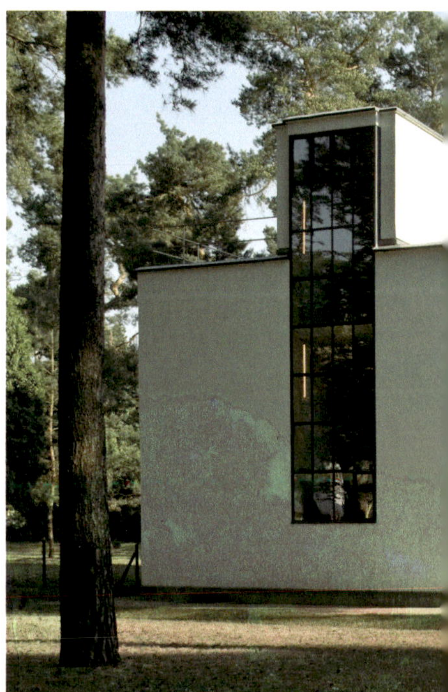

des ehemaligen Hauses Schlemmer ein. Sie wohnte hier streckenweise gemeinsam mit ihrem Mann, dem Bauhäusler Arieh Sharon, bis Juli 1930. Nach Familie Schlemmer bezog (von 1930 bis 1932) Architekt und Bauhausmeister Alfred Arndt, der Leiter der Ausbauwerkstatt, mit seiner Frau, der Bauhaus-Weberin Gertrud Arndt (1903–2000), die Doppelhaushälfte. Die Doppelvilla wurde 2002 mit Unterstützung der Wüstenrot Stiftung restauriert und größtenteils in den Bauzustand um 1926 zurückversetzt. Das Meisterhaus Schlemmer wird heute von der Stiftung Bauhaus Dessau für Ausstellungen genutzt und kann besichtigt werden.

Meisterhaussiedlung
Meisterhaus Muche/Schlemmer
Ebertallee 65/67
06846 Dessau-Roßlau
www.meisterhaeuser.de

• Meisterhaus Muche/Schlemmer in Dessau

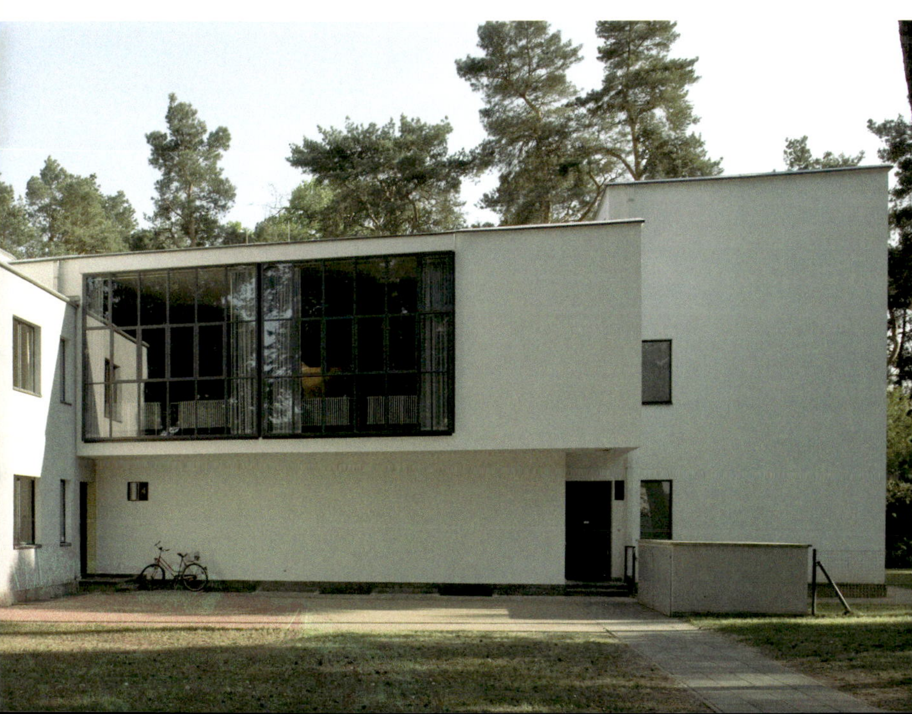

Personenverzeichnis

Literaturverzeichnis

Ackermann u. Bestgen 2009
Das Bauhaus kommt aus Weimar, Kat.-Ausst. Klassik-Stiftung Weimar, Ute Ackermann und Ulrike Bestgen (Hg.), Berlin 2009

Bauhaus-Archiv 1980
Georg Muche. Das künstlerische Werk 1912–1927, hg. vom Bauhaus-Archiv, Berlin 1980

Bauhaus-Archiv 1987
Bauhaus. Archiv, Museum. Sammlungskatalog, hg. vom Bauhaus-Archiv, Berlin 1987

Baumhoff 2001
Anja Baumhoff: The Gendered World of the Bauhaus. The Politics of Power at the Weimar Republic's Premier Art Institute. 1919–1932, Frankfurt a. M. 2001

Beilfuss 2014
Oskar Schlemmer: Briefe, Texte, Schriften aus der Zeit am Bauhaus, Elke Beilfuß (Hg.), Weimar 2014

Blume 2014
Oskar Schlemmer (DVD), Torsten Blume (Hg.), Stiftung Bauhaus Dessau, Edition Bauhaus, Berlin 2014

Blume u. Hiller 2014
Mensch Raum Maschine. Bühnenexperimente am Bauhaus, Torsten Blume und Christian Hiller (Hg.), Kat.-Ausst. Stiftung Bauhaus Dessau, Leipzig 2014

Conzen 2014
Oskar Schlemmer. Visionen einer neuen Welt, Ina Conzen (Hg.), Kat.-Ausst. Staatsgalerie Stuttgart, München 2014

Fiedler u. Feierabend 1999
Bauhaus, Jeannine Fiedler und Peter Feierabend (Hg.), Köln 1999

Framke 1998
Künstler ziehen an. Avantgarde-Mode in Europa 1910–1939, Gisela Framke (Hg.), Dortmund [1998]

Gebessler 2003
Gropius. Meisterhaus Muche/Schlemmer. Die Geschichte einer Instandsetzung, hg. v. August Gebeßler, Stuttgart [u. a.] 2003

Halkett 2011
René Halkett: Der liebe Unhold. Autobiographisches Zeitportrait von 1900 bis 1939, Köln 2011

Happe u. Fischer 2003
Barbara Happe und Martin S. Fischer: Haus Auerbach von Walter Gropius mit Adolf Meyer, Tübingen [u. a.] 2003

Hartmann 1994
Trotzdem modern. Die wichtigsten Texte zur Architektur in Deutschland 1919–1933, ausgewählt und kommentiert von Kristiana Hartmann, Braunschweig 1994

Herzogenrath 1973
Wulf Herzogenrath: Oskar Schlemmer. Die Wandgestaltung der neuen Architektur, München 1973

Lingner 1989
Michael Lingner: Adolf Hölzel 1853–1934. Der kunsttheoretische Nachlaß, Stuttgart und Berlin (1998)

Macher 2005
Julia Macher: Die Feste der Bauhaus-Künstler. Ausstellung in Barcelona, Beitrag vom 28.06.2005, Deutschlandradio Kultur

Malewitsch 1927
Bauhausbücher 11. Kasimir Malewitsch: Die gegenstandslose Welt, [Faks.-Nachdr. d. Ausg. von 1927] Mainz 1980

Maur 1977
Karin von Maur: Oskar Schlemmer. Der Maler. Der Wandgestalter. Der Plastiker. Der Zeichner. Der Graphiker. Der Bühnengestalter. Der Lehrer, München [Neuauflage des Kat.-Ausst. von 1977] 1982

Maur 1979
Karin von Maur: Oskar Schlemmer, Bd. 1 Monographie und Bd. 2 Œuvrekatalog der Gemälde, Aquarelle, Pastelle und Plastiken, München 1979

Maur 1984
Karin von Maur: „Es wuchs ein Kristall. Johannes Itten in Stuttgart 1913–1916", in: Johannes Itten. Künstler und Lehrer, hg. vom Kunstmuseum Bern 1984, S. 55–67

Meyer 1924
Bauhausbücher 3. Ein Versuchshaus des Bauhauses in Weimar, zusammengestellt von Adolf Meyer, [Unveränd. Nachdr. der 1. Aufl., Langen: München 1924] Weimar 1997

Muche 1961
Georg Muche: Blickpunkt, München 1961

Mück 1995
Rückkehr der Moderne. 1945–1995. Die erste Nachkriegs-Ausstellung verfemter deutscher Kunst, Hans-Dieter Mück, Überlingen 1995

Mück 2009
Adolf Hölzel 1853–1934. Wegbereiter der Abstraktion, Kat.-Ausst. Kunsthaus Apolda, Hans-Dieter Mück (Hg.), Utenbach/Apolda 2009

Münchener Stadtmuseum 1986
Anziehungskräfte. Variété de la Mode 1786–1986, hg. vom Münchener Stadtmuseum, München 1986

Neumann 1985
Eckhard Neumann: Bauhaus und Bauhäusler, Köln 1985

Staatliches Bauhaus Weimar [1923]
Staatliches Bauhaus Weimar 1919–1923, hg. vom Staatlichen Bauhaus Weimar und Karl Nierendorf, Weimar u. München [1923]

Schlemmer 1925
László Moholy-Nagy, Farkas Molnár, Oskar Schlemmer: Die Bühne im Bauhaus, Neue Bauhausbücher 1925, Nachdruck, Berlin 2003

Schlemmer 1958
Oskar Schlemmer. Briefe und Tagebücher, Tut Schlemmer (Hg.), München 1958

Schlemmer 2003
Oskar Schlemmer: Der Mensch. Unterricht am Bauhaus, Neue Bauhausbücher 1969 [nachgelassene Aufzeichnungen], Heimo Kuchling (Hg.), Berlin 2003

Seemann u. Valk 2009
Klassik und Avantgarde. Das Bauhaus in Weimar 1919–1925, Hellmut Th. Seemann und Thorsten Valk (Hg.), Göttingen 2009

Semper 1879
Gottfried Semper: Der Stil in den technischen und tektonischen Künsten oder praktische Ästhetik, 2. Bd., München 1879

Siebenbrodt u. Schöbe 2009
Michael Siebenbrodt und Lutz Schöbe: Bauhaus 1919–1933. Weimar-Dessau-Berlin, New York [u. a.] 2009

Stiftung Bauhaus Dessau 2014
Bauhaus Schlemmer!, Zeitschrift der Stiftung Bauhaus Dessau, Nr. 6, Jan. 2014

ThHStAW, BH
Akten im Thüringer Hauptstaatsarchiv Weimar, Staatliches Bauhaus Weimar

Wagner 2005
Das Bauhaus und die Esoterik, Christoph Wagner (Hg.), Bielefeld 2005

Wahl 2009
Das Staatliche Bauhaus in Weimar. Dokumente zur Geschichte des Instituts 1919–1926, Volker Wahl (Hg.), Köln 2009

WDR 2014
WDR 3 Kulturfeature vom 4.1.2014: Der Kreis ist rot. Oskar Schlemmer. Bauhausmeister, Köln 2014

Wingler 1962
Hans Maria Wingler: Das Bauhaus, Köln 1962, ^{4}2002

Bildnachweis

akg images 4, 10, 15, 18, 22, 25, 45, 53, 54, 67, 75, 120, 151, 152/153
Bauhaus Archiv GmbH, Berlin 34, 49, 55, 80, 88, 89, 93, 95, 100, 103, 108, 112, 114, 116, 121
bpk images 13, 26, 37, 75, 87
J. Paul Getty Museum, L. A. (USA) 41, 42, 141
Kunstsammlung Nordrhein-Westfalen, Düsseldorf 26
Robert Meyer Collection, The National Museum of Art, Architecture and Design Oslo 31
Schlemmer, Janine 5
Seeling, Christian 85, 126/127, 142–150
Staatsgalerie Stuttgart 29, 97
Stadler, Monika 118
Stiftung Bauhaus Dessau 114

Titel:
bpk/Kunstbibliothek, Staatliche Museen zu Berlin, Photothek Willy Römer/ Fotograf: Ernst Gränert

Autoren und Verlag haben sich bis Produktionsschluss intensiv bemüht, alle weiteren Inhaber von Abbildungsrechten ausfindig zu machen. Personen und Institutionen, die möglicherweise nicht erreicht wurden und Rechte verwendeter Abbildungen beanspruchen, werden gebeten, sich nachträglich mit dem Verlag in Verbindung zu setzen.

Danksagung

Ich danke meinem Mann, meinem Sohn und meiner Mutter, denen ich viel Zeit schuldig blieb, für ihre Geduld und ich danke meinen Kolleginnen Anne Feuchter-Schawelka und Dr. Karin Thönnissen, denen ich viel Zeit gestohlen habe, für fachlichen Rat, angeregte Diskussionen und freundschaftliche Hilfe. Ich danke Stefan Gücklhorn vom Verlag und Dr. Michael Wessing für das sorgfältige Lektorat sowie allen, die hier ungenannt bleiben. Ich danke vor allem auch Janine Schlemmer, für ihre aufgeschlossene Wesensart und überaus freundliche Bereitschaft, ein Vorwort für dies Buch zu schreiben und die erste, geneigte Leserin zu sein.

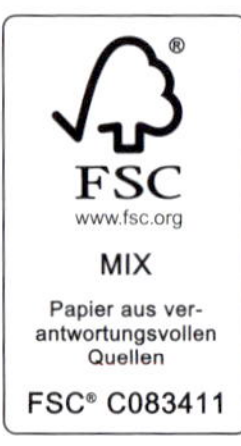

Impressum

Elke Beilfuß
OSKAR SCHLEMMER
Meister der tanzenden Form
Elke Beilfuß [Hg.]

ISBN: 978-3-7374-0209-5

www.verlag-weimar.de

Umschlag & Satz: Anja Carrà, Weimar
Lektorat: Stefan Gücklhorn, Wiesbaden
Gesamtherstellung: CPI books GmbH, Leck – Germany

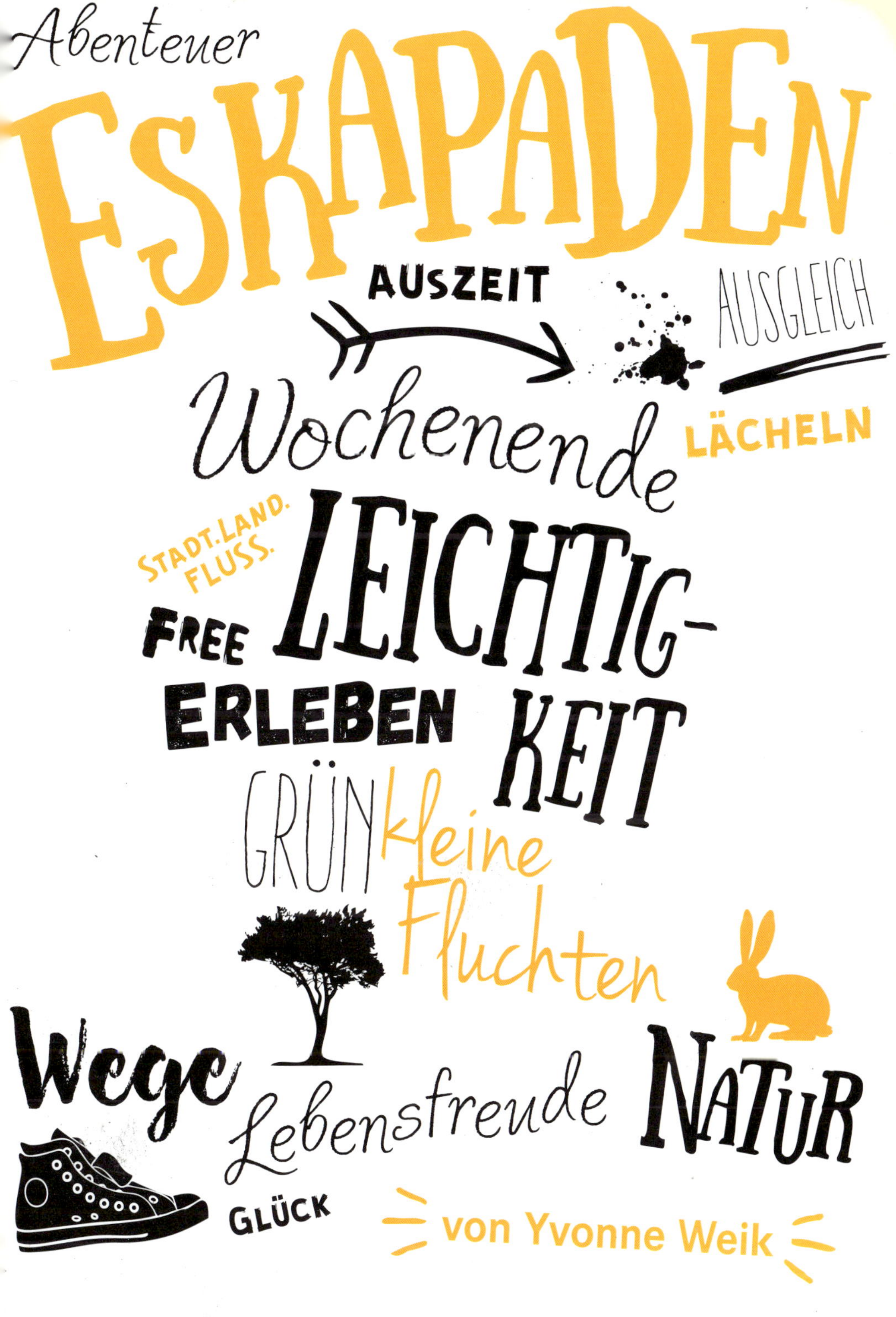

Abenteuer
ESKAPADEN
AUSZEIT
AUSGLEICH
Wochenende
LÄCHELN
STADT.LAND.
FLUSS.
FREE
LEICHTIG-
ERLEBEN
KEIT
GRÜN
kleine
Fluchten
Wege
Lebensfreude
NATUR
GLÜCK
von Yvonne Weik